머리말

훈민정음은 대한국인에게 주신 영원한 최고의 선물

사람은 글씨를 통해 마음을 표현하므로 글씨는 마음을 전달하는 수레라고 할 수 있습니다. 따라서 '마음이 바르면 글씨도 바르다[心正則筆正]'고 합니다. 오만 원권 지폐에서 우리에게 낯익은 신사임당이 만 원권 지폐에서도 만날 수 있는 이율곡에게 전한 말입니다.

예로부터 글씨는 그 사람의 상태를 대변한다고 합니다. 올바른 몸가짐, 겸손하고 정직한 말씨, 바른 글씨체, 공정한 판단력이라는 '신언서판(身言書判)'은 글씨로 마음을 다스릴 수 있는 사람에게 나랏일을 맡겼다는 의미입니다. 그래서 글씨는 의사소통의 도구라고 표현하는데, 우리는 의사소통의 도구 중에 가장 쉽고 간략하여 효과적으로 의사 표현을 할 수 있으므로 세계인이 부러워하는 특별한 방법을 갖고 있습니다.

전 세계에 존재하는 70여 개의 문자 중에서 유일하게 창제자 · 창제연도 · 창제원리를 알 수 있는 독창성과 창작성으로 유네스코에 인류문화 유산으로 등재되어 세계에서 가장 우수한 문자로 인정받는 위대한 문자 훈민정음이 바로 그것입니다. 그런데 우리는 세종대왕이 주신 위대하고 영원한 선물을 제대로 활용하지 못하고 오히려 파괴하고 있습니다.

더욱이 현대인은 스마트폰과 컴퓨터 생활로 글씨를 쓰는 기회가 점점 사라지고 키보드로 글을 치게 됩니다. 이것은 지구상에 존재하는 생명체 중에 인간만이 누릴 수 있는 글씨 쓰는 특권을 포기하는 것과 마찬가지입니다. 키보드와 마우스가 대세인 젊은 세대일수록 손으로 글씨를 많이 써야 하는 이유이기도 합니다.

이제부터라도 대한국인이라면 반드시 『훈민정음 언해본』을 한 번쯤 직접 써보면서 대강의 내용이라도 알고 세계 최고의 문자 훈민정음을 보유한 후예로서 자긍심을 가져야 할 것입니다.

끝으로 귀한 목판본 자료를 제공해 주신 충청북도 무형문화재 제28호 각자장인 박영덕 훈민정음각자 명장에게 깊은 감사를 드립니다.

훈민정음 창제 578(2022)년 3월 3일

엮은이 **박재성**

추천사

예쁜 글씨, 바른 글씨가 꽃피는 나라

세계인에게 미지의 땅이었던 고요한 아침의 나라 한국은 지구촌 사람들이 꿈꾸는 동경의 대상으로 언젠가 한 번은 꼭 가보고 싶은 나라가 되었다. 세계의 어느 골목, 어느 언덕에서나 한류 문화의 아지랑이가 아롱아롱 피어나지 않는 곳이 없다. 한국의 소리, 한국인의 표정, 한국이 만든 상품이 최고 최상의 대우를 받으면서 인기를 누리고 있기 때문이다. 이는 단연코 한글의 저력에 힘입은 바 크다. K팝을 부르면서 한글을 익혔고, K드라마를 보면서 한국인의 말씨를 배운 사람들은 한국인의 문자 한글이 문명국의 문자 가운데서 가장 배우기 쉽고 식별이 단일하여 초심자가 언중(言衆) 속에 뛰어들어도 공포감에 질리지 않는다고 한다.

이는 세종대왕께서 1443년에 창제하신 훈민정음에서 비롯되었을 터이니, 이에 다시 한번 경의를 표하지 않을 수 없다.

이처럼 비견될 수 없을 만큼 존경스러운 문자를 가진 우리가 오늘날 읽고 말하면서도 잘 쓰려하지 않는다. 연필로, 철필로, 붓으로 만년필로 정성을 다해 꼭꼭 눌러 써오던 귀중한 체험을 내던지고 말았다. 물론, 컴퓨터, 휴대전화 등이 손글씨 쓰기의 수고를 대신해 주는 편리함 때문이리라. 그러나 이는 문화적 창조 활동의 일부를 스스로 저버리는 행위와 같다.

이러한 차제에 사단법인 훈민정음기념사업회에서 『훈민정음 해례본』과 『언해본』을 바탕으로 『훈민정음 경필쓰기 교본』을 만들어 보급하는 유익한 사업을 벌이매, 평생 글씨만 써온 사람으로서 기껍고 고마운 마음을 다해 이를 적극 추천한다. 우리의 국보요, 인류의 자랑인 훈민정음을 다양한 필기도구로 직접

세계 최고의 문자, 훈민정음 자긍심 계승을 위한

훈민정음 언해본

경필 쓰기

박재성 엮음

사단법인 훈민정음기념사업회 인증

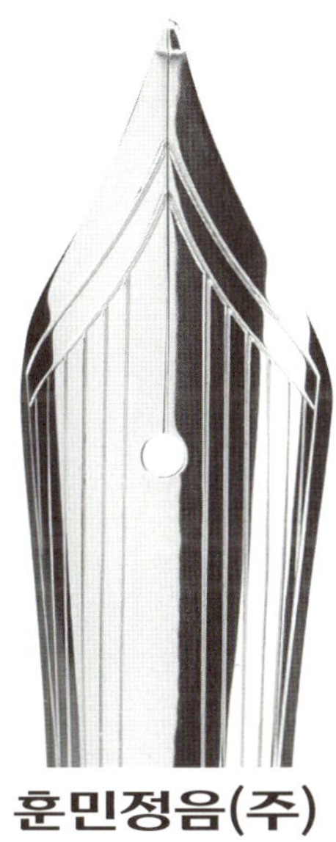

훈민정음(주)

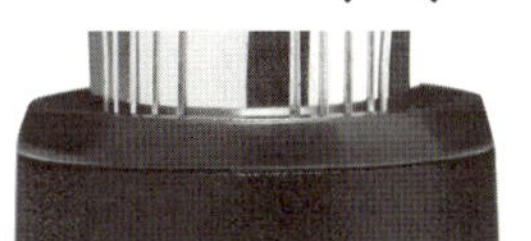

훈민정음 언해본 경필쓰기

2022년 3월 3일 인쇄
2022년 4월 1일 발행

엮 은 이 | 박재성
편집위원 | 김동연, 홍수연
자료제공 | 박영덕
디 자 인 | 김미혜
펴 낸 이 | 문선영
펴 낸 곳 | 훈민정음주식회사
용인특례시 기흥구 강남동로 6, 401호(그랜드프라자)
보 급 처 | 사단법인 훈민정음기념사업회
출판등록 | 2020.9.24. 제2020-000102호
내용문의 | 070-8846-2324

ISBN : 979-11-971940-9-2

정가 : 15,000원

씀으로써 그 고매한 정신과 불후의 가치를 육화(肉化)하고 생활화하는 일이야말로 사경(寫經)의 정성에 미치지 못한다 아니할 것이다.

훈민정음의 원본 서체를 보급하고, 그 고전적 품격을 융합하여 새로운 문화 창출에 이바지할 수 있는 전기를 마련함에도 큰 의의가 있을 줄 안다. 특히 이 사업의 일환으로 쓰기의 수준을 향상시켜 '경필 급수(硬筆級數)'를 사정, 개인 시상제를 운영한다 하니, 더욱 관심 있는 일이 아닐 수 없다.

이 교본이 세상에 나옴과 함께 글씨 쓰는 한국의 참모습을 널리 선양하여 그 어디서나 예쁜 글씨, 바른 글씨가 사람들의 마음과 몸을 더 아름답게 피워내는 꽃밭을 열어 글씨 향기 넘쳐나는 우리의 둘레가 되기를 바라면서 추천사에 가름한다.

사)세계문자서예협회 이사장
국립현대미술관초대작가 **김동연**

이 책의 효과

하나. 훈민정음을 배울 수 있습니다.

이 책은 문화체육관광부 소관 사단법인 훈민정음기념사업회가 훈민정음을 바르게 알리기 위해서 심혈을 기울여 현대에 맞게 번역하여 국민 누구나 쉽게 이해할 수 있도록 편집하였습니다.

둘. 문자 강국의 자긍심을 느낄 수 있습니다.

이 책은 전 세계에 존재하는 70여 개의 문자 중에서 유일하게 창제자 · 창제연도 · 창제원리를 알 수 있는 독창성과 창작성으로 유네스코에 인류문화 유산으로 등재되어 세계에서 가장 우수한 문자로 인정받는 위대한 문자 훈민정음을 보유한 문자 강국의 자긍심을 느낄 수 있도록 편집하였습니다.

셋. 역사를 바르게 알 수 있습니다.

이 책은 『훈민정음 언해본』의 내용 풀이에만 그치지 않고, 내용 중에 이해하기 어려운 용어도 미주에 보충 설명을 하여서 독자 누구나 바르게 이해할 수 있도록 편집하였습니다.

넷. 한자를 바르게 알고 쓸 수 있습니다.

이 책은 『훈민정음 언해본』의 한자 및 한자어를 분석하여 사용된 51자의 한자에 대한 훈음은 물론 주요 한자의 필순을 책 앞에 실어서 독자 누구나 한자를 바르게 알고 쓸 수 있도록 편집하였습니다.

다섯. 글씨를 예쁘게 쓸 수 있습니다.

이 책은 스마트폰과 컴퓨터 생활로 글씨를 쓰는 기회가 점점 사라지는 현대인에게 마음을 표현할 수 있는 예쁜 글씨를 써볼 수 있도록 편집하였습니다.

여섯. 일석삼조의 효과를 얻을 수 있습니다.

이 책은 『훈민정음 언해본』에 대한 내용의 이해는 물론, 훈민정음의 창제원리를 배울 수 있고, 사단법인 훈민정음기념사업회가 주최하는 〈훈민정음 경필쓰기 검정〉에도 응시할 수 있는 일석삼조의 효과를 얻을 수 있도록 편집하였습니다.

글씨 쓰기의 기본

1. 경필(硬단단할 경 · 筆붓 필)

뾰족한 끝을 반으로 가른 얇은 쇠붙이로 만든 촉을 대에 꽂아 잉크를 찍어서 글씨를 쓰는 도구라는 뜻이지만, 동양의 대표적인 필기구인 붓이 부드러운 털로 이루어졌다는 뜻에 대해서 단단한 재료로 만들어진 글씨 쓰는 도구란 의미로 펜, 연필, 철필, 만년필 등을 이른다.

2. 글씨를 잘 쓰는 방법

1) 바른 자세로 써야 한다.
2) 경필 글씨 공부는 연필로 쓰는 것이 좋다.
3) 글자의 비율을 맞추면서 크게 써보는 것이 좋다.
4) 모범 글씨를 보고 똑같이 써보려고 노력한다.
5) 반복해서 자꾸 써보는 노력이 가장 중요하다.

3. 자획(字글자 자 · 畫그을 획)

글자를 이루는 선과 점 하나하나를 획이라 한다. 즉 글자를 쓸 때 한번 펜(또는 붓)을 종이에 대었다가 자연스럽게 뗄 때까지 계속된 점이나 선이 한 획이 된다.

4. 필순(筆붓 필 · 順순서 순)

글자를 쓸 때는 일반적으로 정해진 순서에 따라 써야 하는데, 글자의 획을 써 나가는 순서를 필순이라 한다.

5. 언해본에 나오는 주요 한자의 필순

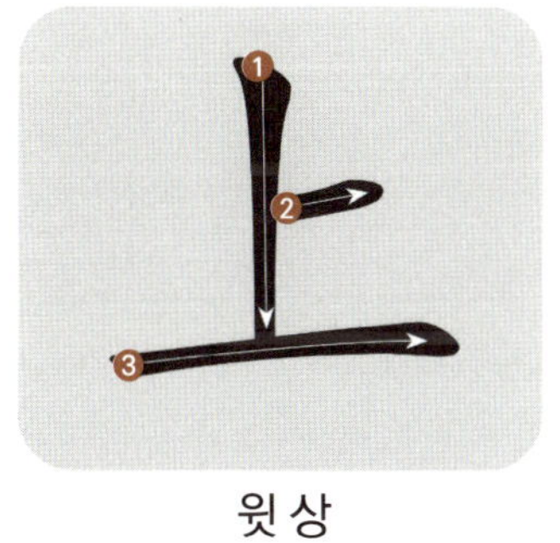

윗 상

글월 문

바를 정

백성 민

나라 국

할 위

일 업

지을 제

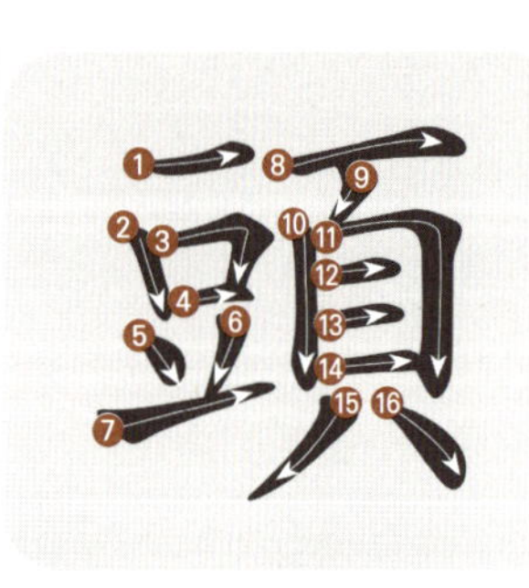

머리 두

소리 성

목차

훈민정음

개론

1. 훈민정음 원본, 해례본, 언해본

1) 원본

『훈민정음 원본』은 한문 서적이다. 당연하게도 〈훈민정음〉 창제 당시 모든 문자 생활은 한자를 사용하고 있었던 탓에 한문으로 〈훈민정음〉을 해설할 수밖에 없었기 때문이다.

2) 해례본

세종대왕 때 간행한 최초의 원본과 같은 〈훈민정음〉의 판본이다. 이에 『훈민정음 원본』이라고 불리기도 하나, 다만, 현재 남아 있어 대한민국의 국보 겸 유네스코 기록유산으로 지정된 『훈민정음 간송본』 역시 세종 연간에 발행된 첫 판본으로 보기는 어렵기에, 역사학계에서는 '원본'이라고 부르지는 않고 『훈민정음 해례본』이라고 부른다. 해례(解例)란, 〈훈민정음〉을 어떻게 만들었는지, 문자 창제 과정을 종합해 기록하였다는 의미이다.

3) 언해본

『언해본』은 세조 때 간행되었는데, 한문으로 기록된 『훈민정음 원본』을 〈훈민정음〉을 이용해 당시 쓰이던 조선어로 옮긴 책이라고 해서 『언해본(諺解本)』이라고 한다. 『언해본』에는 〈훈민정음〉의 제자원리를 기록한 부분이 누락 되어 있어서 일본 강점기까지만 하여도 『해례본』이 발견되기 전에는 "조선 문자 자모는 한옥 창살을 보고 만든 것"이라는 등 온갖 억측이 난무했다. 『해례본』이 발견됨으로써 〈훈민정음〉의 자음(子音)은 인체의 발음기관을 본뜬 것이고, 모음(母音)은 천지인 삼재[1]를 음양오행의 원리에 따라 배치해 만들었다는 것이 비로서 밝혀지게 되었다.

현재 전해지는 것 중 가장 오래된 판본은 1459년(세조 5년)에 발간된 『월인석보[2]』의 권두에 수록된 것

1 三才(석 삼, 재주 재) : 우주와 인간 세계의 기본 구성 요소이자 그 변화의 동인으로 작용하는 하늘, 땅, 사람을 통틀어 이르는 유교 용어이다. 삼극(三極), 삼원(三元), 삼의(三儀), 삼령(三靈)이라고도 한다.

2 月印釋譜(달 월, 도장 인, 풀 석, 계보 보) : 조선 제7대 왕 세조가 재위 5년 되던 해인 1459년에 선대왕인 세종의 『월인천강지곡』과 자신이 지은 『석보상절』을 합편하여 간행한 불교 서적으로 세종의 훈민정음 반포 당시에 편찬, 간행되었던 『월인천강지곡』을 세조 때 다시 편집하였기 때문에, 초기의 훈민정음 변천을 살피는 데 있어서 중요한 가치를 지닌다.

이다. 세종대왕의 서문, 본문(예의) 부분이 수록되어 있고, 『해례본』에 있는 제자해는 수록되어 있지 않다. '한문(+현토[3])+언해'의 방식으로 쓰여 있는데, 우리에게 익히 알려진 '나랏말ᄊᆞ미…'도 『언해본』에 수록된 서문의 첫 구절이다. 흔히 훈민정음의 모습을 떠올릴 때 연상되는 책이라고 할 수 있다.

2. 훈민정음 언해본

1) 개요

언해(諺解)는 조선 시대에 한문으로 적힌 문장을 다시 우리 글로 직역했던 것을 말한다. 언해한 문장을 언해문(諺解文), 언해한 책을 『언해본(諺解本)』 또는 『언해서(諺解書)』라 부른다.

〈언해본〉은 한문본 『훈민정음 해례본[4]』에서 세종의 어제 서(序)와 예의를 언문(우리글)로 옮긴 책으로 『훈민정음 언해본』이라고도 한다. 누가 언제 번역하였는지에 관한 기록을 문헌에서 찾을 수 없지만 대략 문종에서 세조 초기에 번역이 이루어진 것으로 보고 있다.

그러나 학계에서는 조선 7대 왕인 세조 5년인 1459년에 세조의 명에 따라 한문으로 쓰인 『해례본』을 우리말로 번역한 책이라고 소개하고 있다.

2) 구성

『언해본』은 총 15장으로 구성되어 있는데 한문으로 쓰인 『훈민정음 해례본』의 본문을 짧은 구절로 나누어 토(吐)를 달고, 한 글자마다 동국정운식 한자음을 표기했으며, 글자의 밑에 2줄로 한문의 뜻풀이를

3 **懸吐(매달 현, 토할 토)** : 한문 문장에 우리말의 토를 달아놓는 표기법으로, 한문을 읽을 때에 그 뜻을 깨닫기 쉽게 하거나 독송을 위하여 고안된 방법이라고 할 수 있다. 보통의 경우 붙여쓰기의 형태로 적혀 있는 한문 문장을 보다 원활하게 이해하기 위해 문장과 문장 사이, 혹은 문장 안의 구절이 끝나는 곳에 우리말의 조사를 붙여 토를 다는 것을 지칭한다. 한자의 일부를 따서 한문의 구절 끝에 다는 우리말 식의 토인 '구결'이나 한자의 음과 뜻을 빌어서 우리말을 적는 표기체계인 '이두'와 달리, '현토'는 한문 체언에 붙는 우리말 조사와 한문 어간 뒤에 붙는 우리말 어미라고 볼 수 있다. 결국 '현토'는 '문어(文語)'인 한문을 '구어(口語)'인 우리말의 특성에 맞추어 의미를 용이하게 해석하기 위한 방법 가운데 하나이다.

4 『훈민정음』과 『훈민정음 해례본』은 동일하게 쓰이는 명칭이지만, 여기서는 『언해본』과 구분하기 위해서 『훈민정음 해례본』으로 통일한다.

한 다음, 그 구절 전체를 번역한 방식으로 구성되어 있다.

3) 번역방식

한문본인 『훈민정음 해례본』과 『언해본』은 내용에서 약간의 차이가 있는데, 『언해본』은 책 뒷부분에 치음자에 관한 규정이 덧붙어 있다. 이 규정은 1455년(단종 3년) 무렵에 완성된 『사성통고(四聲通攷)』의 범례 10조 중 제5조에 해당하는 내용으로 미루어 『언해본』의 번역은 1455년 이전에 완성된 것으로 생각할 수 있다.

이는 〈훈민정음〉이 창제된 뒤에 중국어를 더 효과적으로 표기하기 위해 중국어의 치음을 표기할 수 있도록 우리 글에서 치음자를 치두음자(齒頭音字) ᅎ, ᅔ, ᅏ, ᄼ, ᄽ과 정치음자(正齒音字) ᅐ, ᅕ, ᅑ, ᄾ, ᄿ로 따로 만들어 사용한 것으로 생각된다.

4) 내용

(1) 언해본의 서문

『훈민정음 언해본』의 서문은 세종대왕이 작성한 해례본의 「어제 서문」을 언문으로 번역한 것으로 공교롭게도 『해례본』의 한문으로 작성된 어제 서문이 54의 한자로 구성되었는데, 『언해본』의 어제 서문은 두 배인 108자로 이루어 졌기 때문에, 세종대왕이 신미대사를 위로하기 위하여 일부러 글자 수를 마쳤다는 소문이 있다. 그런데 이 소문은 전혀 근거가 없는 것으로, 『언해본』은 세종대왕 사후 세조가 즉위한 후 부왕인 세종대왕이 창제한 〈훈민정음〉을 백성들에게 좀 더 널리 알리게 할 목적으로 『해례본』의 서문과 예의 부분을 완전히 우리 말로 번역하여 한문에 무지한 사람들도 쉽게 알아볼 수 있도록 하였기 때문이다.

(2) 어제서문 원문과 해석

① 원문(방점 제거본)

世솅宗종御ᅌᅥᆼ製졩訓훈民민正졍音ᅙᅳᆷ / 나랏말ᄊᆞ미中듕國귁에달아文문字ᄍᆞᆼ와로서르ᄉᆞᄆᆞᆺ디아니ᄒᆞᆯᄊᆡ이런젼ᄎᆞ로어린百ᄇᆡᆨ姓셩이니르고져ᄒᆞᇙ배이셔도ᄆᆞᄎᆞᆷ내제ᄠᅳ들시러펴디몯ᄒᆞᇙ노미하니라내이ᄅᆞᆯ爲윙ᄒᆞ야어엿비너겨새로스믈여듧字ᄍᆞᆼᄅᆞᆯᄆᆡᇰᄀᆞ노니사ᄅᆞᆷ마다ᄒᆡᅇᅧ수ᄫᅵ니겨날로ᄡᅮ메便뼌安ᅙᅡᆫ킈ᄒᆞ고져ᄒᆞᇙᄯᆞᄅᆞ미니라

② 해석

나라의 말이 중국과 달라서 문자로는 서로 통하지 아니하므로 이런 까닭으로 어리석은 백성이 말하고자 하는 바가 있어도 끝내 제 뜻을 나타내지 못하는 사람이 많다. 내 이를 불쌍히 여겨 새로 스물여덟 글자를 만드니 사람마다 하여금 쉽게 익혀서 날마다 쓰기에 편하게 하고자 할 따름이니라

5) 『언해본의 이본들』

현재 전하는 언해본 중 가장 오래된 책은 1459(세조5)년에 간행된 것으로 목판본 『월인석보』 권1의 권두에 수록되어 있으며, 보물 745-1호로 지정되어 있다. 이 원본은 서강대학교 도서관이 소장하고 있다. 이후 경북 영주의 희방사(喜方寺)에서 1459년 목판본을 1568년에 복각하여 목판과 함께 보존하여 왔으나 6.25 한국전쟁으로 소실되었다. 이 목판본의 필사본들이 서울대학교 규장각, 영남대학교 도서관, 동국대학교 도서관에 소장되어 있다. 그 외에 18세기 필사본으로 추정되는 언해본이 일본 궁내청 서릉부에 소장되어 있고, 1824년(순조24)에 필사된 이본이 일본 고마자와대학 탁족 문고에, 1920년대 필사본이 한국학중앙연구원 장서각 등에 소장되어 있다.

목판본으로 간행된 『언해본』의 현전 책들은 대부분 본문의 일부가 결락되거나 훼손되어 있는데, 원본에 충실하다고 알려진 희방사본의 경우도 권두본과 비교하였을 때 방점 누락, 오각 및 탈자, 한자음 오류 등 삼십 여군데의 차이가 발견되어 서강대학교에 소장된 『월인석보』 권1에 수록되어 있는 1459년 초간본이 훈민정음 연구에서 가장 중요한 자료로 간주되고 있다.

나랏말ᄊᆞ미 中듕國귁에 달아 文문字ᄍᆞᆼ와로 서르 ᄉᆞᄆᆞᆺ디 아니ᄒᆞᆯᄊᆡ

훈민정음 언해본

경필쓰기

世솅宗종御엉製졩

世세宗종 임금이 지으신[1]

世	솅	宗	종	御	엉	製	졩

訓훈民민正졍音ᅙᅳᆷ

백성을 가르치는 바른 소리

訓	훈	民	민	正	졍	音	ᅙᅳᆷ

나랏말ᄊᆞ미中듕國귁에

나라의 말씀이 中중國국[2]과

나	랏	말	ᄊᆞ	미	中	듕	國	귁	에

달아文문字ᄍᆞᆼ와로서르

달라서 文문字자로는 서로

달	아	文	문	字	ᄍᆞᆼ	와	로	서	르

ᄉᆞᄆᆞᆺ디아니ᄒᆞᆯᄊᆡ이런젼

통하지 아니하므로 이런 까

ᄉᆞ	ᄆᆞᆺ	디	아	니	ᄒᆞᆯ	ᄊᆡ	이	런	젼

ᄎᆞ로어린百ᄇᆡᆨ姓셩이니

닭으로 어리석은 百백姓성이 이

ᄎᆞ	로	어	린	百	ᄇᆡᆨ	姓	셩	이	니

르고져ᄒᆞᇙ배이셔도ᄆᆞᄎᆞᆷ

르고자 하는 바가 있어도 마침

르	고	져	ᄒᆞᇙ	배	이	셔	도	ᄆᆞ	ᄎᆞᆷ

내제ᄠᅳ들시러펴디몯ᄒᆞᇙ

내 제 뜻을 나타내지 못하

내	제	ᄠᅳ	들	시	러	펴	디	몯	ᄒᆞᇙ

노미하니라내이ᄅᆞᆯ為윙

느니라. 내 이를 爲위

노	미	하	니	라	내	이	ᄅᆞᆯ	為	윙

ᄒᆞ야어엿비너겨새로스

하여 불쌍히 여겨서 새로 스

ᄒᆞ	야	어	엿	비	너	겨	새	로	스

믈여듧字ᄍᆞᆼᄅᆞᆯᄆᆡᇰᄀᆞ노니

물 여덟 字자를 만드니

믈	여	듧	字	ᄍᆞᆼ	ᄅᆞᆯ	ᄆᆡᇰ	ᄀᆞ	노	니

사ᄅᆞᆷ마다ᄒᆡᅇᅧ수ᄫᅵ니겨

사람마다 하여금 쉽게 익혀

사	ᄅᆞᆷ	마	다	ᄒᆡ	ᅇᅧ	수	ᄫᅵ	니	겨

날로 ᄡᅮ메 便뼌安ᅙᅡᆫ킈 ᄒᆞ

날마다 쓰기에 便편安안케 하

날 로 ᄡᅮ 메 便 뼌 安 ᅙᅡᆫ 킈 ᄒᆞ

고져 ᄒᆞᇙ ᄯᆞᄅᆞ미니라

고자 할 따름이니라

고 져 ᄒᆞᇙ ᄯᆞ ᄅᆞ 미 니 라

ㄱ논 엄쏘리니 君군ㄷ字

ㄱ는 어금니 소리니 君군의 字

ㄱ 논 엄 쏘 리 니 君 군 ㄷ 字

ᄍᆞᆼ 처ᅀᅥᆷ 펴아나논 소리 ᄀᆞ

자 처음 피어나는 소리 갈

ᄍᆞᆼ 처 ᅀᅥᆷ 펴 아 나 논 소 리 ᄀᆞ

ᄐᆞ니 ᄀᆞᆯᄫᅡ 쓰면 뀌 끃 ᄫᅳᆼ字

으니 나란히 쓰면 뀌규의 字

ᄐᆞ	니	ᄀᆞᆯ	ᄫᅡ	쓰	면	뀌	끃	ᄫᅳᆼ	字

ᄍᆼ 처ᅀᅥᆷ 펴아나ᄂᆞᆫ 소리 ᄀᆞ

자 처음 피어나는 소리 같

ᄍᆼ	처	ᅀᅥᆷ	펴	아	나	ᄂᆞᆫ	소	리	ᄀᆞ

ᄐᆞ니라 ㅋᄂᆞᆫ 엄쏘리니

으니라 ㅋ는 어금니 소리니

ᄐᆞ	니	라		ㅋ	ᄂᆞᆫ	엄	쏘	리	니

快 쾡 ᅙ 字 ᄍᆼ 처ᅀᅥᆷ 펴아나

快쾌의 字자 처음 피어나

快	쾡	ᅙ	字	ᄍᆼ	처	ᅀᅥᆷ	펴	아	나

ᄂᆞᆫ 소리 ᄀᆞᆮᄐᆞ니라 ㆁᄂᆞᆫ

는 소리 같으니라 ㆁ는

ᄂᆞᆫ 소리 ᄀᆞᆮᄐᆞ니라 ㆁᄂᆞᆫ

엄쏘리니 業업字ᄍᆞᆼ 처ᅀᅥᆷ

어금니 소리니 業업字자 처음

엄쏘리니 業업字ᄍᆞᆼ 처ᅀᅥᆷ

펴아나ᄂᆞᆫ 소리 ᄀᆞᆮᄐᆞ니라

피어나는 소리 같으니라

펴아나ᄂᆞᆫ 소리 ᄀᆞᆮᄐᆞ니라

ㄷᄂᆞᆫ 혀쏘리니 斗둥ᄫ

ㄷ는 혓소리이니 斗두의

ㄷᄂᆞᆫ 혀쏘리니 斗둥ᄫ

字 쫑 처섬펴아나논소리

字자 처음 피어나는 소리

字	쫑	처	섬	펴	아	나	논	소	리

ᄀᆞ투니골바쓰면覃땀ᄇ

같으니 나란히 쓰면 覃담의

ᄀᆞ	투	니	골	바	쓰	면	覃	땀	ᄇ

字 쫑 처섬펴아나논소리

字자 처음 피어나는 소리

字	쫑	처	섬	펴	아	나	논	소	리

ᄀᆞ투니라 ㅌ논혀쏘리

같으니라 ㅌ는 혓소리

ᄀᆞ	투	니	라		ㅌ	논	혀	쏘	리

니 呑 ᄐᆞᆫ ㄷ 字 ᄍᆞᆼ 처ᅀᅥᆷ 펴아

이니 呑탄의 字자 처음 피어

니 呑 ᄐᆞᆫ ㄷ 字 ᄍᆞᆼ 처 ᅀᅥᆷ 펴 아

나ᄂᆞᆫ 소리 ᄀᆞᄐᆞ니라 ㄴ

나는 소리 같으니라 ㄴ

나 ᄂᆞᆫ 소 리 ᄀᆞ ᄐᆞ 니 라 ㄴ

는 혀쏘리니 那 낭 ㆆ 字 ᄍᆞᆼ

는 혓소리이니 那나의 字자

는 혀 쏘 리 니 那 낭 ㆆ 字 ᄍᆞᆼ

처ᅀᅥᆷ 펴아 나ᄂᆞᆫ 소리 ᄀᆞᄐᆞ

처음 피어나는 소리 같으

처 ᅀᅥᆷ 펴 아 나 ᄂᆞᆫ 소 리 ᄀᆞ ᄐᆞ

니라 ㅂ는입시울쏘리

니라 ㅂ는 입술소리

니	라		ㅂ	는	입	시	울	쏘	리

니彆볋字쫑처ᅀᅥᆷ펴아나

이니 彆별字자의 처음 피어나

니	彆	볋	字	쫑	처	ᅀᅥᆷ	펴	아	나

는소리ᄀᆞᄐᆞ니ᄀᆞᆯᄫᅡ쓰면

는 소리 같으니 나란히 쓰면

는	소	리	ᄀᆞ	ᄐᆞ	니	ᄀᆞᆯ	ᄫᅡ	쓰	면

步뽕ᅙ字쫑처ᅀᅥᆷ펴아나

步보의 字자 처음 피어나

步	뽕	ᅙ	字	쫑	처	ᅀᅥᆷ	펴	아	나

ᄂᆞᆫ소리ᄀᆞᄐᆞ니라 ㅍᄂᆞᆫ

는 소리 같으니라 ㅍ는

ᄂᆞᆫ 소 리 ᄀᆞ ᄐᆞ 니 라 ㅍ ᄂᆞᆫ

입시울쏘리니漂푱빙字

입술소리이니 漂표의 字

입 시 울 쏘 리 니 漂 푱 빙 字

ᄍᆞᆼ처ᅀᅥᆷ펴아나ᄂᆞᆫ소리ᄀᆞ

자 처음 피어나는 소리 갈

ᄍᆞᆼ 처 ᅀᅥᆷ 펴 아 나 ᄂᆞᆫ 소 리 ᄀᆞ

ᄐᆞ니라 ㅁᄂᆞᆫ입시울쏘

으니라 ㅁ는 입술소

ᄐᆞ 니 라 ㅁ ᄂᆞᆫ 입 시 울 쏘

리니彌밍ㆆ字쫑처ᅀᅥᆷ펴

리이니 彌미의 字자 처음 피

리 니 彌 밍 ㆆ 字 쫑 처 ᅀᅥᆷ 펴

아나ᄂᆞᆫ소리ᄀᆞᄐᆞ니라

어나는 소리 같으니라

아 나 ᄂᆞᆫ 소 리 ᄀᆞ ᄐᆞ 니 라

ㅈᄂᆞᆫ니쏘리니即즉字쫑

ㅈ는 잇소리이니 即즉字자

ㅈ ᄂᆞᆫ 니 쏘 리 니 即 즉 字 쫑

처ᅀᅥᆷ펴아나ᄂᆞᆫ소리ᄀᆞᄐᆞ

처음 피어나는 소리 같으

처 ᅀᅥᆷ 펴 아 나 ᄂᆞᆫ 소 리 ᄀᆞ ᄐᆞ

니ᄀᆞᆯᄫᅡ쓰면慈ᄍᆞᆼᅙ字ᄍᆞᆼ

니 나란히 쓰면 慈자의 字자

니	ᄀᆞᆯ	ᄫᅡ	쓰	면	慈	ᄍᆞᆼ	ᅙ	字	ᄍᆞᆼ

처ᅀᅥᆷ펴아나ᄂᆞᆫ소리ᄀᆞᄐᆞ

처음 피어나는 소리 같으

처	ᅀᅥᆷ	펴	아	나	ᄂᆞᆫ	소	리	ᄀᆞ	ᄐᆞ

니라 ㅊᄂᆞᆫ니쏘리니侵

니라 ㅊ는 잇소리이니 侵

니	라		ㅊ	ᄂᆞᆫ	니	쏘	리	니	侵

침ㅂ字ᄍᆞᆼ처ᅀᅥᆷ펴아나ᄂᆞᆫ

침의 字자 처음 피어나는

침	ㅂ	字	ᄍᆞᆼ	처	ᅀᅥᆷ	펴	아	나	ᄂᆞᆫ

소리 ᄀᆞ ᄐᆞ 니 라　ㅅ ᄂᆞᆫ 니

소리 같으니라　ㅅ는 잇

소	리	ᄀᆞ	ᄐᆞ	니	라		ㅅ	ᄂᆞᆫ	니

쏘 리 니 戌 슗 字 ᄍᆞᆼ 처 ᅀᅥᆷ 펴

소리이니 戌술字자 처음 피

쏘	리	니	戌	슗	字	ᄍᆞᆼ	처	ᅀᅥᆷ	펴

아 나 ᄂᆞᆫ 소 리 ᄀᆞ ᄐᆞ 니 ᄀᆞᆯ ᄫᅡ

어나는 소리 같으니 나란히

아	나	ᄂᆞᆫ	소	리	ᄀᆞ	ᄐᆞ	니	ᄀᆞᆯ	ᄫᅡ

쓰 면 邪 썅 ㆆ 字 ᄍᆞᆼ 처 ᅀᅥᆷ 펴

쓰면 邪사의 字자 처음 피

쓰	면	邪	썅	ㆆ	字	ᄍᆞᆼ	처	ᅀᅥᆷ	펴

아나ᄂᆞᆫ소리ᄀᆞᄐᆞ니라

어나는 소리 같으니라

아 나 ᄂᆞᆫ 소 리 ᄀᆞ ᄐᆞ 니 라

ㆆᄂᆞᆫ목소리니挹 ᅙᅳᆸ 字 ᄍᆞᆼ

ㆆ는 목구멍소리이니 挹읍字자

ㆆ ᄂᆞᆫ 목 소 리 니 挹 ᅙᅳᆸ 字 ᄍᆞᆼ

처ᅀᅥᆷ펴아나ᄂᆞᆫ소리ᄀᆞᄐᆞ

처음 피어나는 소리 같으

처 ᅀᅥᆷ 펴 아 나 ᄂᆞᆫ 소 리 ᄀᆞ ᄐᆞ

니라 ㅎᄂᆞᆫ목소리니虛

니라 ㅎ는 목구멍소리이니 虛

니 라 ㅎ ᄂᆞᆫ 목 소 리 니 虛

ᅘᅥᆼ ㆆ字 ᄍᆞᆼ 처ᅀᅥᆷ 펴아나ᄂᆞᆫ

허의 字자 처음 피어나는

ᅘᅥᆼ	ㆆ	字	ᄍᆞᆼ	처	ᅀᅥᆷ	펴	아	나	ᄂᆞᆫ

소리 ᄀᆞᄐᆞ니 ᄀᆞᆯ바 쓰면 洪

소리 같으니 나란히 쓰면 洪

소	리	ᄀᆞ	ᄐᆞ	니	ᄀᆞᆯ	바	쓰	면	洪

ᅘᅩᆼ ㄱ字 ᄍᆞᆼ 처ᅀᅥᆷ 펴아나ᄂᆞᆫ

홍의 字자 처음 피어나는

ᅘᅩᆼ	ㄱ	字	ᄍᆞᆼ	처	ᅀᅥᆷ	펴	아	나	ᄂᆞᆫ

소리 ᄀᆞᄐᆞ니라 ㅇ ᄂᆞᆫ 목

소리 같으니라 ㅇ는 목

소	리	ᄀᆞ	ᄐᆞ	니	라		ㅇ	ᄂᆞᆫ	목

소리니欲욕字ᄍᆞᆼ처ᅀᅥᆷ펴

구멍소리이니 欲욕字자 처음 피

소	리	니	欲	욕	字	ᄍᆞᆼ	처	ᅀᅥᆷ	펴

아나ᄂᆞᆫ소리ᄀᆞᄐᆞ니라

어나는 소리 갈으니라

아	나	ᄂᆞᆫ	소	리	ᄀᆞ	ᄐᆞ	니	라	

ᄅᆞᆫ半반혀쏘리니閭령

ㄹ는 半반혓소리이니 閭려

ᄅᆞᆫ	ᄂᆞᆫ	半	반	혀	쏘	리	니	閭	령

ㆆ字ᄍᆞᆼ처ᅀᅥᆷ펴아나ᄂᆞᆫ소

의 字자 처음 피어나는 소

ㆆ	字	ᄍᆞᆼ	처	ᅀᅥᆷ	펴	아	나	ᄂᆞᆫ	소

리 ᄀᆞᄐᆞ니라 ㅿ ᄂᆞᆫ 半 반

리 갈으니라 ㅿ는 半반

리 ᄀᆞᄐᆞ니라 ㅿ ᄂᆞᆫ 半 반

니쏘리니 穰 ᅀᅣᇰ ㄱ字 ᄍᆞᆼ 처

잇소리이니 穰양의 字자 처

니쏘리니 穰 ᅀᅣᇰ ㄱ字 ᄍᆞᆼ 처

ᅀᅥᆷ펴아나ᄂᆞᆫ소리ᄀᆞᄐᆞ니

음 피어나는 소리 같으니

ᅀᅥᆷ펴아나ᄂᆞᆫ소리ᄀᆞᄐᆞ니

라 ㆍᄂᆞᆫ 呑 ᄐᆞᆫ ㄷ字 ᄍᆞᆼ 가

라 ㆍ는 呑탄의 字자가

라 ㆍᄂᆞᆫ 呑 ᄐᆞᆫ ㄷ字 ᄍᆞᆼ 가

온ᄃᆡᆺ소리ᄀᆞᄐᆞ니라 ㅡ

운뎃소리 같으니라 ㅡ

온	ᄃᆡᆺ	소	리	ᄀᆞ	ᄐᆞ	니	라		ㅡ

는 卽 즉 字 ᄍᆞᆼ 가온ᄃᆡᆺ소리

는 卽즉字자 가운뎃소리

는	卽	즉	字	ᄍᆞᆼ	가	온	ᄃᆡᆺ	소	리

ᄀᆞᄐᆞ니라 ㅣ는 侵 침 ㅂ

같으니라 ㅣ는 侵침의

ᄀᆞ	ᄐᆞ	니	라		ㅣ	는	侵	침	ㅂ

字 ᄍᆞᆼ 가온ᄃᆡᆺ소리ᄀᆞᄐᆞ니

字자 가운뎃소리 같으니

字	ᄍᆞᆼ	가	온	ᄃᆡᆺ	소	리	ᄀᆞ	ᄐᆞ	니

라 ㅗ는 洪흥의 字자 가

라 ㅗ는 洪홍의 字자 가

라 ㅗ 는 洪 흥 ㄱ 字 쫑 가

온뒷소리ㄱ트니라 ㅏ

운뎃소리 같으니라 ㅏ

온 뒷 소 리 ㄱ ㅌ 니 라 ㅏ

는覃땀ㅂ字쫑가온뒷소

는 覃담의 字자 가운뎃소

는 覃 땀 ㅂ 字 쫑 가 온 뒷 소

리ㄱ트니라 ㅜ는君군

리같으니라 ㅜ는 君군

리 ㄱ ㅌ 니 라 ㅜ 는 君 군

ㄷ字쫑가온뒷소리ᄀᆞᄐᆞ

의 字자 가운뎃소리 같으

ㄷ 字 쫑 가 온 뒷 소 리 ᄀᆞ ᄐᆞ

니라 ㅓ는業업字쫑가

니라 ㅓ는 業업字자 가

니 라 ㅓ 는 業 업 字 쫑 가

온뒷소리ᄀᆞᄐᆞ니라 ㅛ

운뎃소리 같으니라 ㅛ

온 뒷 소 리 ᄀᆞ ᄐᆞ 니 라 ㅛ

는欲욕字쫑가온뒷소리

는 欲욕字자 가운뎃소리

는 欲 욕 字 쫑 가 온 뒷 소 리

ᄀᆞᄐᆞ니라 ㅑᄂᆞᆫ 穰ᅀᅣᇰㄱ

갈으니라 ㅑ는 穰양의

ᄀᆞ ᄐᆞ 니 라 ㅑ ᄂᆞᆫ 穰 ᅀᅣᇰ ㄱ

字ᄍᆞᆼ 가온ᄃᆡᆺ소리ᄀᆞᄐᆞ니

字자 가운뎃소리 갈으니

字 ᄍᆞᆼ 가 온 ᄃᆡᆺ 소 리 ᄀᆞ ᄐᆞ 니

라 ㅠᄂᆞᆫ 戌슗字ᄍᆞᆼ 가온

라 ㅠ는 戌슐字자 가운

라 ㅠ ᄂᆞᆫ 戌 슗 字 ᄍᆞᆼ 가 온

ᄃᆡᆺ소리ᄀᆞᄐᆞ니라 ㅕᄂᆞᆫ

뎃소리 갈으니라 ㅕ는

ᄃᆡᆺ 소 리 ᄀᆞ ᄐᆞ 니 라 ㅕ ᄂᆞᆫ

彆 볋 字 ᄍᆞᆼ 가온ᄃᆡᆺ소리ᄀᆞ

彆별字자 가운뎃소리 갈

彆	볋	字	ᄍᆞᆼ	가	온	ᄃᆡᆺ	소	리	ᄀᆞ

ᄐᆞ니라 乃 냉 終 즁 ㄱ소

으니라 乃내終종의 소

ᄐᆞ	니	라		乃	냉	終	즁	ㄱ	소

리ᄂᆞᆫ 다시 첫소리ᄅᆞᆯ ᄡᅳᄂᆞ

리는 다시 첫소리를 쓰느

리	ᄂᆞᆫ	다	시	첫	소	리	ᄅᆞᆯ	ᄡᅳ	ᄂᆞ

니라 ㅇᄅᆞᆯ 입시울쏘리

니라 ㅇ를 입술소리

니	라		ㅇ	ᄅᆞᆯ	입	시	울	쏘	리

아래니ᅀᅥ쓰면입시울가

아래 이어 쓰면 입술가

아	래	니	ᅀᅥ	쓰	면	입	시	울	가

ᄇᆡ야ᄫᆞᆫ소리ᄃᆞ외ᄂᆞ니라

벼운 소리 되느니라

ᄇᆡ	야	ᄫᆞᆫ	소	리	ᄃᆞ	외	ᄂᆞ	니	라

첫소리ᄅᆞᆯ어울워ᄡᅮᇙ디

첫소리를 어울려 쓸 때

	첫	소	리	ᄅᆞᆯ	어	울	워	ᄡᅮᇙ	디

면ᄀᆞᆯᄫᅡ쓰라乃냉終즁ㄱ

면 나란히 쓰라 乃내終종의

면	ᄀᆞᆯ	ᄫᅡ	쓰	라	乃	냉	終	즁	ㄱ

소리도 ᄒᆞᆫ가지라 ·와

소리도 한가지라 ·와

소	리	도	ᄒᆞᆫ	가	지	라		·	와

ㅡ와 ㅗ와 ㅜ와 ㅛ와 ㅠ와

ㅡ와 ㅗ와 ㅜ와 ㅛ와 ㅠ는

ㅡ	와	ㅗ	와	ㅜ	와	ㅛ	와	ㅠ	와

란 첫소리아래브텨쓰고

첫소리 아래 붙여 쓰고

란	첫	소	리	아	래	브	텨	쓰	고

ㅣ와 ㅏ와 ㅓ와 ㅑ와 ㅕ

ㅣ와 ㅏ와 ㅓ와 ㅑ와 ㅕ

	ㅣ	와	ㅏ	와	ㅓ	와	ㅑ	와	ㅕ

와란올ᄒᆞᆫ녀긔브터쓰라

는 오른쪽부터 쓰라

와	란	올	ᄒᆞᆫ	녀	긔	브	텨	쓰	라

믈읫字쯩ㅣ모로매어

무릇 字자가 반드시 합쳐

	믈	읫	字	쯩	ㅣ	모	로	매	어

우러ᅀᅡ소리이ᄂᆞ니 왼

져야 소리 이루나니 왼

우	러	ᅀᅡ	소	리	이	ᄂᆞ	니		왼

녀긔ᄒᆞᆫ點뎜을더으면ᄆᆞᆺ

쪽에 한 點점을 더하면 가장[3)]

녀	긔	ᄒᆞᆫ	點	뎜	을	더	으	면	ᄆᆞᆺ

노폰소리오 點뎜이둘

높은 소리오[4] 點점이 둘

노폰소리오 點뎜이둘

히면上샹聲셩이오 點

이면 上상聲성[5] 이오 點

히면上샹聲셩이오 點

뎜이업스면平뼝聲셩이

점이 없으면 平평聲성[6] 이

뎜이업스면平뼝聲셩이

오 入십聲셩은點뎜더

오 入입聲성[7] 은 點점 더

오 入십聲셩은點뎜더

우믄ᄒᆞᆫ가지로ᄃᆡᄲᆞᄅᆞ니

함은 한가지로되 빠르니

우믄ᄒᆞᆫ가지로ᄃᆡᄲᆞᄅᆞ니

라 中듕國귁소리옛니

라 中중國국 소리에 잇

라 中듕國귁소리옛니

쏘리ᄂᆞᆫ齒칭頭뚱와正졍

소리는 齒치頭두[8] 와 正정

쏘리ᄂᆞᆫ齒칭頭뚱와正졍

齒칭왜ᄀᆞᆯᄒᆡ요미잇ᄂᆞ니

齒치[9] 에 가려냄이 있나니

齒칭왜ᄀᆞᆯᄒᆡ요미잇ᄂᆞ니

ㅈㅊㅉㅅㅆ字쫑ᄂᆞᆫ齒

ㅈㅊㅉㅅㅆ字자는 齒

ㅈ	ㅊ	ㅉ	ㅅ	ㅆ	字	쫑	ᄂᆞᆫ	齒

칭頭뚷ㅅ소리예ᄡᅳ고

치頭두의 소리에 쓰고

칭	頭	뚷	ㅅ	소	리	예	ᄡᅳ	고

ㅈㅊㅉㅅㅆ字쫑ᄂᆞᆫ正졍

ㅈㅊㅉㅅㅆ字자는 正정

ㅈ	ㅊ	ㅉ	ㅅ	ㅆ	字	쫑	ᄂᆞᆫ	正	졍

齒칭ㅅ소리예ᄡᅳᄂᆞ니

齒치의 소리에 쓰나니

齒	칭	ㅅ	소	리	예	ᄡᅳ	ᄂᆞ	니

엄과혀와입시울와목소

어금니와 혀와 입술과 목소

엄	과	혀	와	입	시	울	와	목	소

리옛字쫑는中듕國귁소

리의 字자는 中중國국 소

리	옛	字	쫑	는	中	듕	國	귁	소

리예通통히쓰느니라

리에 通통해 쓰느니라

리	예	通	통	히	쓰	느	니	라	

訓훈民민正졍音흠

訓훈民민正정音음[10)]

訓	훈	民	민	正	졍	音	흠

언해본에 사용된 한자 훈음

(※ 원 안의 숫자는 해당 한자의 사용 빈도수를 나타냄)

- 國(나라 국)③
- 君(임금 군)②
- 虯(규룡 규)①
- 那(어찌 나)①
- 乃(이에 내)②
- 覃(미칠 담)②
- 斗(말 두)①
- 頭(머리 두)②
- 閭(이문 려)①
- 文(글월 문)①
- 彌(두루 미)①
- 民(백성 민)②
- 半(반 반)②
- 百(일백 백)①
- 彆(활 뒤틀릴 별)②
- 步(걸음 보)①
- 邪(간사할 사)①
- 上(위 상)①
- 姓(성 성)①
- 聲(소리 성)③
- 世(세상 세)①
- 戌(개 술)②
- 安(편안할 안)①
- 穰(볏짚 양)②
- 御(거느릴 어)①
- 業(업 업)②
- 欲(하고자 할 욕)②
- 為(할 위)①
- 音(소리 음)②
- 挹(뜰 읍)①
- 入(들 입)①
- 字(글자 자)㊴
- 慈(사랑할 자)①
- 點(점 점)④
- 正(바를 정)④
- 製(지을 제)①
- 宗(마루 종)①
- 終(끝날 종)②
- 中(가운데 중)③
- 即(곧 즉)②
- 齒(이 치)④
- 侵(침노할 침)②
- 快(쾌할 쾌)①
- 吞(삼킬 탄)②
- 通(통할 통)①
- 便(편할 편)①
- 平(평평할 평)①
- 漂(떠돌 표)①
- 虛(빌 허)①
- 洪(큰물 홍)②
- 訓(가르칠 훈)②

용어풀이(미주)

1) 御製(거느릴 어 / 지을 제) : 임금이 몸소 짓거나 만든 글이나 물건.

2) 中國(가운데 중 / 나라 국) : 현재의 중화인민공화국의 약칭인 중국을 뜻하는 것이 아니라, 우리 먼 조상이 다스렸던 대륙 중앙에 있던 나라라는 뜻으로 해석함이 타당하다.(편집자 주)

3) ᄆᆞᆺ : 가장

4) 去聲(갈 거 / 소리 성) : 가장 높은 소리로, 글자에 표시할 때 왼쪽에 점 하나를 찍는다.

5) 上聲(위 상 / 소리 성) : 처음이 낮고 나중이 높은 소리로, 글자에 표시할 때는 왼쪽에 점 두 개를 찍는다.

6) 平聲(평평할 평 / 소리 성) : 소리의 변화가 없이 가장 낮은 소리이다. 점이 없다.

7) 入聲(들 입 / 소리 성) : 짧고 빨리 끝나는 소리로 끝소리가 'ㄱ', 'ㄷ', 'ㅂ'로 끝나는 받침 따위가 이에 속한다.

8) 齒頭(이 치 / 머리 두) : 중국어에서, 혀끝을 윗니 뒤에 가까이하고 내는 잇소리. 《사성통해(四聲通解)》 등의 운서에서는 이 소리들을 'ᅎ', 'ᅔ', 'ᅏ', 'ᄼ', 'ᄽ' 등으로 적었다. 치두음(齒頭音)이라고도 한다.

9) 正齒(바를 정 / 이 치) : 중국어에서, 혀를 말아 아랫잇몸에 가까이하고 내는 치음의 하나로 정치음(正齒音)이라고도 한다.

10) 訓民正音(가르칠 훈 / 백성 민 / 바를 정 / 소리 음)

①일반적으로 조선의 4대 왕 세종이 1443(세종 25)년에 창제(創製)한 우리나라 글자를 일컫는 말로 자음 17자, 모음 11자 모두 28자로 이루어졌다.

②1446(세종 28)년 훈민정음을 반포할 때 찍어 낸 목판본 해설서를 일컫는 말로, 전권 33장 1책으로 되어 있다. 1962년 12월 20일 국보 제70호로 지정되었으며, 1997년 유네스코 세계 기록 유산으로 지정되었다.

훈민정음 경필쓰기 검정

3급용 원고

(초등학생용)

언해본 어제 우리말 서문

응시자	성 명					생년월일	
	연락처						

문화체육관광부 소관 제2021-0007호

사단법인 훈민정음기념사업회

世솅宗종御엉製졩訓훈民민正졍音ᅙᅳᆷ

製졩ᄂᆞᆫ 글 지ᅀᅳᆯ 씨니 御엉製졩ᄂᆞᆫ 님금 지ᅀᅳ샨 그리라 訓훈은 ᄀᆞᄅᆞ칠 씨오 民민은 百ᄇᆡᆨ姓셩이오 音ᅙᅳᆷ은 소리니 訓훈民민正졍音ᅙᅳᆷ은 百ᄇᆡᆨ姓셩 ᄀᆞᄅᆞ치시논 正졍ᄒᆞᆫ 소리라

國귁之징語ᅌᅥᆼ音ᅙᅳᆷ이

國귁은 나라히라 之징ᄂᆞᆫ 입겨지라 語ᅌᅥᆼᄂᆞᆫ 말ᄊᆞ미라

나랏 말ᄊᆞ미

異잉乎ᅘᅩᆼ中듀ᇰ國귁ᄒᆞ야

異잉ᄂᆞᆫ 다ᄅᆞᆯ 씨라 乎ᅘᅩᆼᄂᆞᆫ 아모그ᅌᅦ ᄒᆞ논 겨체 ᄡᅳ논 字ᄍᆞᆼㅣ라 中듀ᇰ國귁은 皇ᅘᅪᇰ帝뎽 겨신 나라히니 우리 나랏

常쌍談땀애 江강南
남이라 ᄒᆞᄂᆞ니라
中듕國귁에 달아
與영文문字쭝로 不붏相샹流륭通통ᄒᆞᆯ
씨 與영ᄂᆞᆫ 이와 뎌와 ᄒᆞᄂᆞᆫ 겨체 ᄡᅳᄂᆞᆫ 字쭝
ㅣ라 文문은 글와리라 不붏은 아니ᄒᆞ
논 ᄠᅳ디라 相샹ᄋᆞᆫ 서르 ᄒᆞ논 ᄠᅳ디
라 流륭通통ᄋᆞᆫ 흘러 ᄉᆞᄆᆞᄎᆞᆯ 씨라
文문字쭝와로 서르 ᄉᆞᄆᆞᆺ디 아니ᄒᆞᆯ씨
故공로 愚옹民민이 有웋所송欲욕言언

ᄒᆞ야도 故공ᄂᆞᆫ 젼ᄎᆞ라 愚웅ᄂᆞᆫ 어릴씨라 有웋ᄂᆞᆫ 이실씨라 所송ᄂᆞᆫ 배라 欲욕ᄋᆞᆫ ᄒᆞ고져 ᄒᆞᆯ씨라 言언ᄋᆞᆫ 니를씨라

이런 젼ᄎᆞ로 어린 百ᄇᆡᆨ姓셩이 니르고져 ᄒᆞᇙ배 이셔도

而ᅀᅵᆼ終즁不붏得득伸신其끵情쪙者쟝ㅣ多당矣ᅌᅴᆼ라 而ᅀᅵᆼᄂᆞᆫ 입겨지라 終즁ᄋᆞᆫ ᄆᆞᄎᆞ미라 得득ᄋᆞᆫ 시를씨라 伸신ᄋᆞᆫ 펼씨라 其끵ᄂᆞᆫ 제라 情쪙ᄋᆞᆫ ᄠᅳ디라 者쟝ᄂᆞᆫ 노미라 多당ᄂᆞᆫ 할씨라 矣ᅌᅴᆼ

ᄂᆞᆫ 말ᄆᆞᆺᄂᆞᆫ 입겨지라

ᄆᆞᄎᆞᆷ내 제 ᄠᅳ들 시러 펴디 몯ᄒᆞᇙ 노미 하

니라

予영ㅣ 爲윙 此ᄎᆞᆼ 憫민然션ᄒᆞ야 予영는 내ᄒᆞᅀᆞᆸ

시ᄂᆞᆫ ᄠᅳ디시니라 此ᄎᆞᆼ는 이라 憫민然연은 어엿비 너기실 씨라

내 이ᄅᆞᆯ 爲윙ᄒᆞ야 어엿비 너겨

新신制졩 二ᅀᅵᆼ 十씹 八밣 字ᄍᆞᆼᄒᆞ노니 新신

·ᄋᆞᆫ ·새·라 制·졩·ᄂᆞᆫ ·밍·ᄀᆞ·ᄅᆞ·실·씨·라 二ᅀᅵᆼ十씹八·밣·ᄋᆞᆫ ·스·믈여·들비·라

·새·로 ·스·믈여·듧字·ᄍᆞᆼ·ᄅᆞᆯ ·밍·ᄀᆞ·노·니

欲·욕使·ᄉᆞᆼ人신人신·ᄋᆞ·로 易·잉習·씹·ᄒᆞ·야

便뼌於ᅙᅥᆼ日·ᅀᅵᇙ用·용耳ᅀᅵᆼ·니·라

使ᄉᆞᆼ·ᄂᆞᆫ ·히·여 ·ᄒᆞ·논 ·마·리·라 人신·ᄋᆞᆫ ·사·ᄅᆞ·미·라 易·잉·ᄂᆞᆫ ·쉬ᄫᅳᆯ ·씨·라 習·씹·ᄋᆞᆫ ·니·길 ·씨·라 便뼌·ᄋᆞᆫ 便뼌安한·ᄒᆞᆯ ·씨·라 於ᅙᅥᆼ·ᄂᆞᆫ ·아·모 그ᅌᅦ ·ᄒᆞ·논 ·겨·체 ·ᄡᅳ·ᄂᆞᆫ 字·ᄍᆞᆼ ㅣ·라 日·ᅀᅵᇙ·ᄋᆞᆫ ·나·리·라 用·용·ᄋᆞᆫ ·ᄡᅳᆯ ·씨·라 耳ᅀᅵᆼ·ᄂᆞᆫ ᄯᆞ·ᄅᆞ·미·라 ·ᄒᆞ·논 ·ᄠᅳ디·라

正音 三

사ᄅᆞᆷ마다 ᄒᆡᅇᅧ 수ᄫᅵ 니겨 날로 ᄡᅮ메 便뼌安ᅙᅡᆫ킈 ᄒᆞ고져 ᄒᆞᇙ ᄯᆞᄅᆞ미니라

ㄱᄂᆞᆫ 牙ᅌᅡᆼ音ᅙᅳᆷ이니 如ᅀᅥᆼ君군ㄷ字ᄍᆞᆼ初총發벓聲셩ᄒᆞ니 竝뼝書셩ᄒᆞ면 如ᅀᅥᆼ虯끃ㅸ字ᄍᆞᆼ初총發벓聲셩ᄒᆞ니라

牙ᅌᅡᆼᄂᆞᆫ 어미라

如ᅀᅥᆼᄂᆞᆫ ᄀᆞᄐᆞᆯ 씨라 初총發벓聲셩은 처ᅀᅥᆷ 펴아 나ᄂᆞᆫ 소리라 竝뼝書셩ᄂᆞᆫ ᄀᆞᆯᄫᅡ 쓸 씨라

ㄱ·ᄂᆞᆫ :엄쏘·리·니 君군ㄷ字·ᄍᆞᆼ ·처ᅀᅥᆷ·펴·아
·나·ᄂᆞᆫ 소·리·ᄀᆞ·ᄐᆞ·니 ·ᄀᆞᆯ·바·쓰·면 虯뀨ᇢㅸ字
·ᄍᆞᆼ ·처ᅀᅥᆷ·펴·아·나·ᄂᆞᆫ 소·리·ᄀᆞ·ᄐᆞ·니·라
ㅋ·ᄂᆞᆫ 牙앙音음·이·니 如ᅀᅧᆼ快쾡ㆆ字·ᄍᆞᆼ 初
총 發벓聲셩·ᄒᆞ·니·라
ㅋ·ᄂᆞᆫ :엄쏘·리·니 快쾡ㆆ字·ᄍᆞᆼ ·처ᅀᅥᆷ·펴·아
·나·ᄂᆞᆫ 소·리·ᄀᆞ·ᄐᆞ·니·라

ㆁ는 牙앙音흠이니 如ᅀᅧᆼ業업字ᄍᆞᆼ初총
發벓聲셩ᄒᆞ니라
ㆁ는 엄쏘리니 業업字ᄍᆞᆼ 처ᅀᅥᆷ 펴아나
는 소리 ᄀᆞᄐᆞ니라
ㄷ는 舌쎯音흠이니 如ᅀᅧᆼ斗ᄃᆞᇢㅸ字ᄍᆞᆼ初
총發벓聲셩ᄒᆞ니 並뼝書셩ᄒᆞ면 如ᅀᅧᆼ覃
땀ㅂ字ᄍᆞᆼ初총發벓聲셩ᄒᆞ니라 舌쎯은 혜라

ㄷᄂᆞᆫ 혀쏘리니 斗ᄃᆞᇢ字ᄍᆼ 처ᅀᅥᆷ 펴아
나ᄂᆞᆫ 소리 ᄀᆞᄐᆞ니 ᄀᆞᆯᄫᅡ 쓰면 覃땀ㅂ字
ᄍᆼ 처ᅀᅥᆷ 펴아 나ᄂᆞᆫ 소리 ᄀᆞᄐᆞ니라
ㅌᄂᆞᆫ 舌쎠ᇙ音ᅙᅳᆷ이니 如ᅀᅧᆼ呑ᄐᆞᆫㄷ字ᄍᆼ 初
총發ᄇᆞᇙ聲셩ᄒᆞ니라
ㅌᄂᆞᆫ 혀쏘리니 呑ᄐᆞᆫㄷ字ᄍᆼ 처ᅀᅥᆷ 펴아
나ᄂᆞᆫ 소리 ᄀᆞᄐᆞ니라

正音 五

ㄴ·ᄂᆞᆫ 舌·쎯音흠·이·니 如ᅀᅧᆼ那낭ㆆ字·ᄍᆞᆼ初
총發·벓聲셩ᄒᆞ·니·라

ㄴ·ᄂᆞᆫ ·혀·쏘·리·니 那낭ㆆ字·ᄍᆞᆼ ·처ᅀᅥᆷ ·펴·아
·나·ᄂᆞᆫ 소·리·ᄀᆞ·ᄐᆞ·니·라

ㅂ·ᄂᆞᆫ 脣쓘音흠·이·니 如ᅀᅧᆼ彆·볋字·ᄍᆞᆼ初총
發·벓聲셩ᄒᆞ·니 並·뼝書셩ᄒᆞ·면 如ᅀᅧᆼ步·뽕
ㆆ字·ᄍᆞᆼ初총發·벓聲셩ᄒᆞ·니·라 脣쓘은 입시·우리·라

正音 五

ㅂ·는 입시·울쏘·리·니 彆벼ᇙ字·ᄍᆞᆼ ·처ᅀᅥᆷ ·펴
·아·나는 소·리 ·ᄀᆞ·ᄐᆞ·니 ·ᄀᆞᆯ·ᄫᅡ ·쓰·면 步·뽀ᇢ
字·ᄍᆞᆼ ·처ᅀᅥᆷ ·펴·아·나는 소·리 ·ᄀᆞ·ᄐᆞ니·라
ㅍ·는 脣쑨音흠·이·니 如ᅀᅧᆼ漂표ᇢ字·ᄍᆞᆼ 初
총發·벓聲셩ᄒᆞ·니·라
ㅍ·는 입시·울쏘·리·니 漂표ᇢ字·ᄍᆞᆼ ·처ᅀᅥᆷ
·펴·아·나는 소·리 ·ᄀᆞ·ᄐᆞ·니·라

ㅁ·ᄂᆞᆫ 脣쑨音ᅙᅳᆷ·이·니 如ᅀᅧᆼ彌밍ㆆ字·ᄍᆞᆼ 初

총發·벓聲셩ᄒᆞ·니·라

ㅁ·ᄂᆞᆫ 입시·울쏘·리·니 彌밍ㆆ字·ᄍᆞᆼ 처ᅀᅥᆷ

펴·아·나ᄂᆞᆫ 소·리·ᄀᆞ·ᄐᆞ니·라

ㅈ·ᄂᆞᆫ 齒ᄎᆡᆼ音ᅙᅳᆷ·이·니 如ᅀᅧᆼ 卽·즉字·ᄍᆞᆼ 初총

發·벓聲셩ᄒᆞ·니 並·뼝書셩ᄒᆞ·면 如ᅀᅧᆼ 慈ᄍᆞᆼ

ㆆ字·ᄍᆞᆼ 初총發·벓聲셩ᄒᆞ·니·라 ·니·라 齒ᄎᆡᆼ·ᄂᆞᆫ

ㅈ·ᄂᆞᆫ·니쏘·리·니 即·즉字·ᄍᆞᆼ 처ᅀᅥᆷ·펴·아·나

·ᄂᆞᆫ 소·리 ᄀᆞ·ᄐᆞ·니 ·ᄀᆞᆯᄫᅡ·쓰·면 慈ᄍᆞᆼㆆ字·ᄍᆞᆼ

처ᅀᅥᆷ·펴·아·나·ᄂᆞᆫ 소·리 ᄀᆞ·ᄐᆞ·니·라

ㅊ·ᄂᆞᆫ 齒칭音흠·이·니 如ᅀᅧᆼ侵침ㅂ字ᄍᆞᆼ 初

총發벓聲셩·ᄒᆞ·니·라

ㅊ·ᄂᆞᆫ·니쏘·리·니 侵침ㅂ字ᄍᆞᆼ 처ᅀᅥᆷ·펴·아

·나·ᄂᆞᆫ 소·리 ᄀᆞ·ᄐᆞ·니·라

ㅅᄂᆞᆫ 齒칭音음이니 如ᅀᅧᆼ戌슗字ᄍᆼ 初총發벓聲셩ᄒᆞ니 並뼝書셩ᄒᆞ면 如ᅀᅧᆼ邪썅ㆆ字ᄍᆼ 初총發벓聲셩ᄒᆞ니라

ㅅᄂᆞᆫ 니쏘리니 戌슗字ᄍᆼ 처ᅀᅥᆷ 펴아나ᄂᆞᆫ 소리ᄀᆞᄐᆞ니 ᄀᆞᆯᄫᅡ 쓰면 邪썅ㆆ字ᄍᆼ 처ᅀᅥᆷ 펴아나ᄂᆞᆫ 소리ᄀᆞᄐᆞ니라

ㆆᄂᆞᆫ 喉ᅘᅮᇢ音음이니 如ᅀᅧᆼ挹ᅙᅳᆸ字ᄍᆼ 初총

發벓聲셩ᄒᆞ니라 喉흫ᄂᆞᆫ 모기라

ㆆᄂᆞᆫ 목소리니 挹흡字ᄍᆞᆼ 처ᅀᅥᆷ 펴아 나

ᄂᆞᆫ 소리 ᄀᆞᄐᆞ니라

ㅎᄂᆞᆫ 喉흫音음이니 如셩虛헝ㆆ字ᄍᆞᆼ初

총發벓聲셩ᄒᆞ니 並뼝書셩ᄒᆞ면 如셩洪

홍ㄱ字ᄍᆞᆼ初총發벓聲셩ᄒᆞ니라

ㅎᄂᆞᆫ 목소리니 虛헝ㆆ字ᄍᆞᆼ 처ᅀᅥᆷ 펴아

나ᄂᆞᆫ소리ᄀᆞᄐᆞ니ᄀᆞᆯᄫᅡ쓰면洪ᅘᅩᇰㄱ字
ᄍᆞᆼ처ᅀᅥᆷ펴아나ᄂᆞᆫ소리ᄀᆞᄐᆞ니라
ㆆᄂᆞᆫ喉ᅘᅮᇢ音ᅙᅳᆷ이니如ᅀᅧᆼ欲욕字ᄍᆞᆼ初총
發ᄇᆞᇙ聲셩ᄒᆞ니라
ㅇᄂᆞᆫ목소리니欲욕字ᄍᆞᆼ처ᅀᅥᆷ펴아나
ᄂᆞᆫ소리ᄀᆞᄐᆞ니라
ㄹᄂᆞᆫ半반舌쎠ᇙ音ᅙᅳᆷ이니如ᅀᅧᆼ閭령ㆆ字

쫑初총發벓聲셩ᄒᆞ니라

ㄹᄂᆞᆫ半반혀쏘리니閭령ㆆ字쫑처ᅀᅥᆷ

펴아나ᄂᆞᆫ소리ᄀᆞᄐᆞ니라

ㅿᄂᆞᆫ半반齒칭音흠이니如ᅀᅧᆼ穰ᅀᅣᆼㄱ字

쫑初총發벓聲셩ᄒᆞ니라

ㅿᄂᆞᆫ半반니쏘리니穰ᅀᅣᆼㄱ字쫑처ᅀᅥᆷ

펴아나ᄂᆞᆫ소리ᄀᆞᄐᆞ니라

正音 九

ㆍ·ᄂᆞᆫ 如ᅀᅧᆼ呑ᄐᆫ ㄷ字·ᄍᆼ 中듕聲셩ᄒᆞ·니·라

中듕은 가온ᄃᆡ라

ㆍ·ᄂᆞᆫ 呑ᄐᆫ ㄷ字·ᄍᆼ 가·온·ᄃᆡ·소·리·ᄀᆞ·ᄐᆞ니·라

ㅡ·ᄂᆞᆫ 如ᅀᅧᆼ卽·즉字·ᄍᆼ 中듕聲셩ᄒᆞ·니·라

ㅡ·ᄂᆞᆫ 卽·즉字·ᄍᆼ 가·온·ᄃᆡ·소·리·ᄀᆞ·ᄐᆞ니·라

ㅣ·ᄂᆞᆫ 如ᅀᅧᆼ侵침ㅂ字·ᄍᆼ 中듕聲셩ᄒᆞ·니·라

ㅣᄂᆞᆫ 侵침ㅂ字ᄍᆞᆼ 가온ᄃᆡᆺ소리 ᄀᆞᄐᆞ니라

ㅗᄂᆞᆫ 如ᅀᅧᆼ 洪ᅘᅩᆼㄱ字ᄍᆞᆼ 中듀ᇰ聲셩ᄒᆞ니라

ㅗᄂᆞᆫ 洪ᅘᅩᆼㄱ字ᄍᆞᆼ 가온ᄃᆡᆺ소리 ᄀᆞᄐᆞ니라

ㅏᄂᆞᆫ 如ᅀᅧᆼ 覃땀ㅂ字ᄍᆞᆼ 中듀ᇰ聲셩ᄒᆞ니라

ㅏᄂᆞᆫ 覃땀ㅂ字ᄍᆞᆼ 가온ᄃᆡᆺ소리 ᄀᆞᄐᆞ니

·라

ㅜ·는 如셩君군ㄷ字·ᄍᆞᆼ中듕聲셩ᄒᆞ·니·라

ㅜ·는 君군ㄷ字·ᄍᆞᆼ 가·온·딧소·리·ᄀᆞ·ᄐᆞ니

·라

ㅓ·는 如셩業·업字·ᄍᆞᆼ中듕聲셩ᄒᆞ·니·라

ㅓ·는 業·업字·ᄍᆞᆼ 가·온·딧소·리·ᄀᆞ·ᄐᆞ·니·라

ㅛ·는 如셩欲·욕字·ᄍᆞᆼ中듕聲셩ᄒᆞ·니·라

ㅛᄂᆞᆫ 欲욕字ᄍᆞᆼ 가온ᄃᆡᆺ소리ᄀᆞᄐᆞ니라
ㅑᄂᆞᆫ 如ᅀᅧᆼ穰ᅀᅣᇰㄱ字ᄍᆞᆼ中듕聲셩ᄒᆞ니라
ㅑᄂᆞᆫ 穰ᅀᅣᇰㄱ字ᄍᆞᆼ 가온ᄃᆡᆺ소리ᄀᆞᄐᆞ니
라
ㅠᄂᆞᆫ 如ᅀᅧᆼ戌ᄉᆔᇙ字ᄍᆞᆼ中듕聲셩ᄒᆞ니라
ㅠᄂᆞᆫ 戌ᄉᆔᇙ字ᄍᆞᆼ 가온ᄃᆡᆺ소리ᄀᆞᄐᆞ니라
ㅕᄂᆞᆫ 如ᅀᅧᆼ彆ᄇᆑᇙ字ᄍᆞᆼ中듕聲셩ᄒᆞ니라

正音 十二

ㅕ·는 彆·볋字·ᄍᆞᆼ 가·온·딧소·리·ᄀᆞ·ᄐᆞ니·라

終즁聲셩·은 復·뿡用·용初총聲셩·ᄒᆞ·ᄂᆞ니·라 復뿡·는 다·시 ·ᄒᆞ논 ·ᄡᅳ·디·라

乃·냉終즁ㄱ소·리·ᄂᆞᆫ 다·시 첫소·리·ᄅᆞᆯ ·ᄡᅳ·ᄂᆞ니·라

ㅇ·ᄅᆞᆯ 連련書셩脣쑨音흠之징下·ᅘᅘᆼ·ᄒᆞ·면 則·즉爲윙脣쑨輕켱音흠·ᄒᆞ·ᄂᆞ니·라 連련·은 니

슬씨라 下ᅘᅡᆼᄂᆞᆫ 아래라 則즉ᄋᆞᆫ 아ᄆᆞ리ᄒᆞ
면ᄒᆞᄂᆞᆫ 겨체 ᄡᅳᄂᆞᆫ 字ᄍᆞᆼㅣ라 為윙ᄂᆞᆫ ᄃᆞ욀
씨라 輕켱ᄋᆞᆫ 가
ᄇᆡ야ᄫᆞᆯ씨라

ㅇᄅᆞᆯ 입시울ᄡᅳ리 아래 니ᅀᅥ ᄡᅳ면 입시
울 가ᄇᆡ야ᄫᆞᆫ 소리ᄃᆞ외ᄂᆞ니라

初총聲셩ᄋᆞᆯ 合ᅘᅡᆸ用용ᄒᆞᇙ디면 則즉 並뼝
書셩ᄒᆞ라 終즁聲셩도 同똥ᄒᆞ니라 合ᅘᅡᆸᄋᆞᆫ 어
울씨라 同똥ᄋᆞᆫ ᄒᆞᆫ가
지라 ᄒᆞᄂᆞᆫ ᄠᅳ디라

첫소리ᄅᆞᆯ어울워ᄡᅳᇙ디면ᄀᆞᆯᄫᅡᄡᅳ라乃

냉終즁ㄱ소리도ᄒᆞᆫ가지라

ㆍㅡㅗㅜㅛㅠ란附뿡書셩初총聲셩之

징下ᅘᅡᆼᄒᆞ고 附뿡ᄂᆞᆫ브틀씨라

ㆍ와ㅡ와ㅗ와ㅜ와ㅛ와ㅠ와란첫소

리아래브텨ᄡᅳ고

ㅣㅏㅓㅑㅕ란附뿡書셩於ᅙᅥᆼ右ᅌᅮᇢᄒᆞ라

右ᅌᅮᇢ는 올ᄒᆞᆫ녀기라

ㅣ와 ㅏ와 ㅓ와 ㅑ와 ㅕ와란 올ᄒᆞᆫ녀긔 브텨 쓰라

凡뻠字ᄍᆞᆼㅣ 必빓合ᅘᅡᆸ而ᅀᅵᆼ成쎵音ᅙᅳᆷᄒᆞᄂᆞ니 凡뻠은 믈읫ᄒᆞ논 ᄠᅳ디라 必빓은 모로매 ᄒᆞ논 ᄠᅳ디라 成쎵은 일씨라

믈읫 字ᄍᆞᆼㅣ 모로매 어우러ᅀᅡ 소리 이ᄂᆞ니

左·장加강一ᅙᅵᇙ點·뎜ᄒᆞ면則·즉去·컹聲셩
·이·오 左·장ᄂᆞᆫ 왼녀·기·라 加강ᄂᆞᆫ 더을·씨·라
一ᅙᅵᇙ은 ᄒᆞ나히·라 去·컹聲셩은 ·ᄆᆞᆺ노
ᄑᆞᆫ소리·라

·왼녀·긔ᄒᆞᆫ點·뎜·을더으·면·ᄆᆞᆺ노ᄑᆞᆫ소·리
·오

二·싱則·즉上·썅聲셩·이·오 二·싱ᄂᆞᆫ 둘히·라 上·썅聲셩은 ·처
ᅀᅥ·미 ᄂᆞᆺ갑·고 乃·냉終
즁·이 노ᄑᆞᆫ 소·리·라

點뎜이 둘히면 上썅聲셩이오
無뭉則즉 平뼝聲셩이오 無뭉ᄂᆞᆫ 업슬씨라 平뼝聲셩은 ᄆᆞᆺ ᄂᆞᆺ가ᄫᆞᆫ 소리라
點뎜이 업스면 平뼝聲셩이오
入입聲셩은 加강點뎜이 同똥而ᅀᅵᆼ促쵹
急급ᄒᆞ니라 入입聲셩은 ᄲᆞᆯ리 긋ᄃᆞᆮᄂᆞᆫ 소리라 促쵹急급은 ᄲᆞᄅᆞᆯ씨라
入입聲셩은 點뎜 더우믄 ᄒᆞᆫ가지로ᄃᆡ

ᄲᆞᄅᆞ니라

漢한音ᅙᅳᆷ齒ᄎᆡᆼ聲셩은 有ᅌᅮᇢ齒ᄎᆡᆼ頭뚷正졍齒ᄎᆡᆼ之징別ᄇᆞᇙᄒᆞ니 漢한音ᅙᅳᆷ은 中듕國귁소리라 頭뚷는 머리라 別ᄇᆞᇙ은 ᄀᆞᆯᄒᆡᆯ씨라

中듕國귁소리옛 니쏘리ᄂᆞᆫ 齒ᄎᆡᆼ頭뚷와 正졍齒ᄎᆡᆼ왜 ᄀᆞᆯᄒᆡ요미 잇ᄂᆞ니

ᅎᅔᅏᄼᄽ字ᄍᆞᆼᄂᆞᆫ 用용於ᅙᅥᆼ齒ᄎᆡᆼ頭뚷

ᄒᆞ고 이소리ᄂᆞᆫ우리나랏소리예셔열ᄫᅳ니혓그티웃닛머리예다ᄂᆞ니라

ᅐᅔᅏᄼᄽ字ᄍᆞᆼᄂᆞᆫ齒칭頭뚷ㅅ소리

예ᄡᅳ고

ᅐᅔᅏᄼᄽ字ᄍᆞᆼᄂᆞᆫ用용於ᅙᅥ正졍齒칭

ᄒᆞᄂᆞ니 이소리ᄂᆞᆫ우리나랏소리예셔두터ᄫᅳ니혓그티아랫닛므유메다ᄂᆞ니라

ᅐᅔᅏᄼᄽ字ᄍᆞᆼᄂᆞᆫ正졍齒칭ㅅ소리

正音 十五

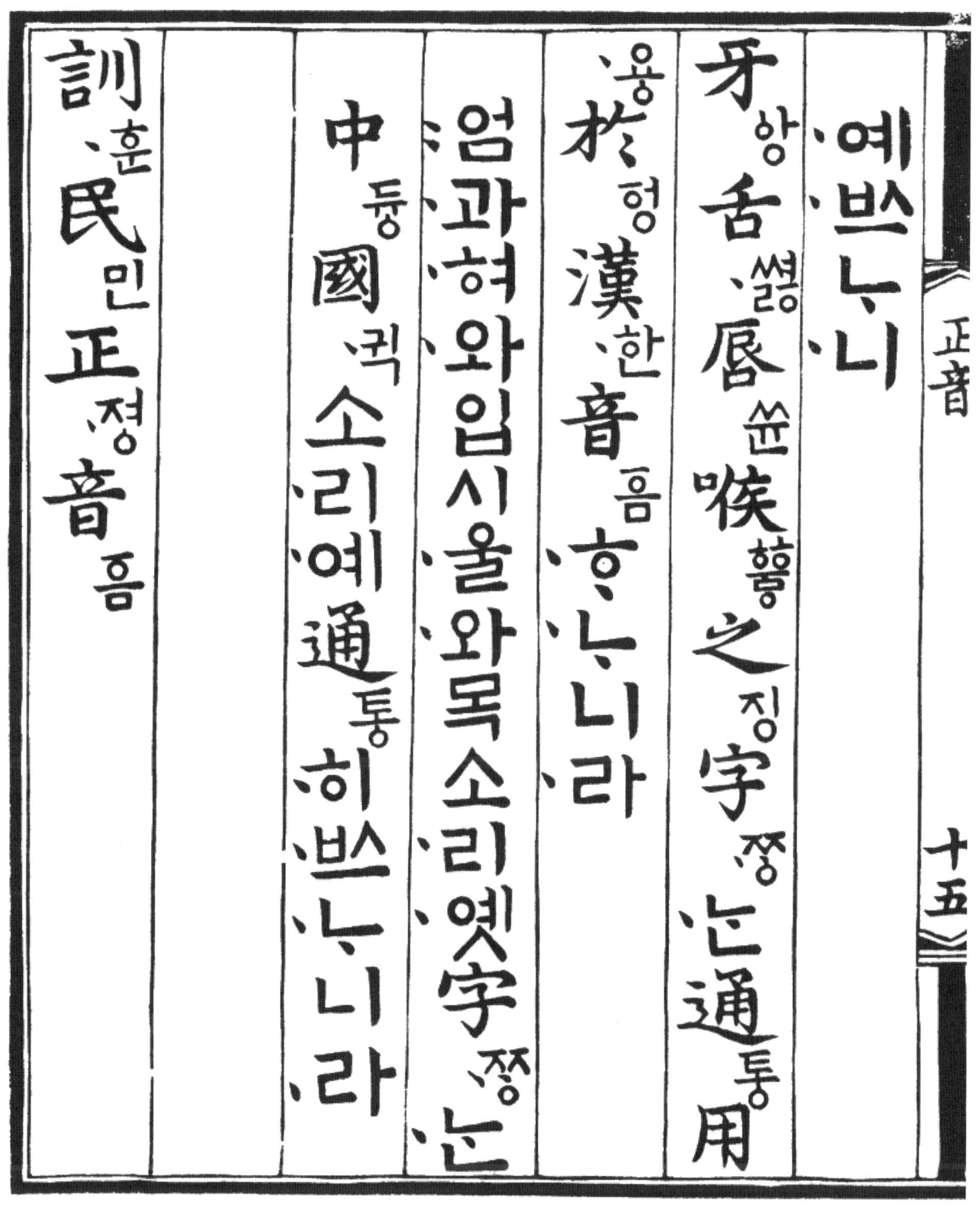

正音 十五

예ᄡᅳᄂᆞ니

牙앙舌쎠ᇙ脣ᄊᆔᆫ喉ᅘᅮᇢ之징字ᄍᆞᆼᄂᆞᆫ通통用용

於ᅙᅥᆼ漢한音ᅙᅳᆷᄒᆞᄂᆞ니라

엄과혀와입시울와목소리옛字ᄍᆞᆼᄂᆞᆫ

中듕國귁소리예通통히ᄡᅳᄂᆞ니라

訓훈民민正졍音ᅙᅳᆷ

논술 및 필기시험에서 좋은 성적을 원한다면 훈민정음 경필쓰기에 도전하세요.

훈민정음 경필 쓰기 검정 요강

유네스코에 인류문화 유산으로 등재된 세계 최고의 문자인 훈민정음을 보유한 문자 강국의 자긍심 계승을 위한 범국민 훈민정음 쓰기 운동으로《훈민정음 경필 쓰기 검정》을 시행함.

1. **자격명칭 :** 훈민정음 경필쓰기 검정
2. **자격종류 :** 등록(비공인) 민간자격(제2022-002214호)
3. **자격등급 :** 사범, 특급, 1급, 2급, 3급
4. **발급기관 :** 사단법인 훈민정음기념사업회(문화체육관광부 소관 공익법인 제2021-0007호)
5. **검정일시 :** 정기검정과 수시검정 시행(정기검정 일정은 본 법인 홈페이지 참조)
6. **검정방법 :**『훈민정음 경필 쓰기[훈민정음(주)]』검정용 지정 도서에서 응시 희망 등급의 검정용 원고에 경필로 써서 사단법인 훈민정음기념사업회로 우편 등기 혹은 택배로 접수시키면 됨
7. **응시자격 :** • 나이, 학력, 국적, 성별과는 무관하게 누구나 응시 가능
   • 단, 사범 응시자는 특급 합격자에 한하여 응시할 수 있음
8. **검정 범위 응시료 및 합격기준 :**

급수	검정범위	응시료	합격기준
사범	훈민정음해례본전체(100)+실기(30)+훈민정음이론(20)	50,000원	총점의 70점 이상 취득자
특급	훈민정음 해례본 중 정인지 서문	30,000원	검정기준 총점의 60점 이상 취득자
1 급	훈민정음 해례본 중 어제서문과 예의편	20,000원	
2 급	훈민정음 언해본 중 예의편	15,000원	
3 급	훈민정음 언해본 중 어제서문	10,000원	

9. **검정기준 :** • 쓰기(필기규범 20점, 오자 유무 10점)
   • 필획(필법의 정확성 20점, 필획의 유연성 10점)
   • 결구(균형 15점, 조화 15점)
   • 창의(서체의 창의성 20점, 전체의 통일성 20점)
10. **시상기준 :**

시상종류	급수	초등학생	중학생	고등학생	시상내용
세종대왕상	사범에 한함	90점 이상자 중 최고 득점자			매회 세종대왕상 및 장원급제의 장학금과 장원상 및 아원상의 상품은 훈민정음 평가원의 심의를 거쳐 정함.
장원급제	특급에 한함	90점 이상자 중 최고 득점자			
장원	1급	76점 이상	81점 이상	86점 이상	
	2급	76점 이상	81점 이상	86점 이상	
	3급	76점 이상	81점 이상	86점 이상	
아원	1급	71점 이상	76점 이상	81점 이상	
	2급	71점 이상	76점 이상	81점 이상	
	3급	71점 이상	76점 이상	81점 이상	

※ 세종대왕상 및 장원급제자의 장학증서와 장학금은 만 19세 미만의 초·중·고 학생에 한함

11. **응시회비입금처 :** 새마을금고 9002-1998-5051-9 (사단법인 훈민정음기념사업회)
12. **응시료 환불 규정 :** 1) 접수 기간 내 ~ 접수 마감 후 7일까지 ☞ 100% 환급
    2) 접수 마감 8일 ~ 14일까지 ☞ 50% 환급
    3) 접수 마감 15일 ~ 검정 당일까지 ☞ 환급 불가
13. **검정원고접수처 :** (16978) 용인특례시 기흥구 강남동로 6, 401호(그랜드프라자)

사)훈민정음기념사업회

문화체육관광부 소관 제2021-0007호
사단법인 훈민정음기념사업회
Tel. 031-287-0225 E-mail : hmju119@naver.com
www.hoonminjeongeum.kr

나라의 말이 중국과

달라서 문자로는 서로

통하지 아니하므로 이

런 까닭으로 어리석은

백성이 말하고자 하는

바가 있어도 끝내 제

뜻을 나타내지 못하는

사람이 많다 내 이를

불쌍히 여겨 새로 스

물여덟 글자를 만드니

사람마다 하여금 쉽게

익혀서 날마다 쓰기에

편하게 하고자 할 따

름이니라

응시자		
	성 명	
	생년월일	
	연 락 처	

[양식11호]

훈민정음 경필쓰기 검정 응시원서

※ 표시된 란은 기입하지 마세요.

※접수번호		※접수일자	202 년 월 일	
성 명	국문)	한자)		사진 (3×4) * 사범과 특급 응시자는 반드시 첨부
생년월일	년 월 일	성별	☐ 남자 ☐ 여자	
연 락 처	* 반드시 연락 가능한 전화번호로 기재하세요			
E-mail				
집 주 소				
응시등급	☐ 사범 ☐ 특급 ☐ 1급 ☐ 2급 ☐ 3급			
소 속	* 초·중·고등부 참가자는 학교명과 학년반을 반드시 기록하고, 일반부는 대학명 또는 직업 기재			

위와 같이 사단법인 훈민정음기념사업회가 시행하는
제 회 훈민정음 경필쓰기 검정에 응시하고자 원서를 제출합니다.

20 년 월 일

응시자 : ㊞

사단법인 훈민정음기념사업회 귀중

훈민정음 경필쓰기 채점표

분야	심사항목	배정점수	심사위원별 점수			총점
			(1)	(2)	(3)	
쓰기	필기규범	20				
	오자유무	10				
필획	필법의 정확성	20				
	필획의 유연성	10				
결구	균형	15				
	조화	15				
창의	서체의 창의성	20				
	전체의 통일성	20				
총점		100				

※ ①쓰기분야의 필기규범 항목은 사범급수에만 적용됨. ②각 급수 공히 오자 한 글자 당 10점 감점

확인	심사위원(1)		심사위원(2)		심사위원(3)		결과
	성명	날인	성명	날인	성명	날인	
		㊞		㊞		㊞	

20 년 월 일

사단법인 훈민정음기념사업회 이사장

훈민정음 경필쓰기 검정

3급용 원고

언해본 어제 서문

응시자	성 명					생년월일	
	연락처						

문화체육관광부 소관 제2021-0007호

사단법인 훈민정음기념사업회

世	솅	宗	종	御	엉	製	졩		
訓	훈	民	민	正	졍	音	ᅙᅳᆷ		
나	랏	말	ᄊᆞ	미	中	듕	國	귁	에
달	아	文	문	字	ᄍᆞᆼ	와	로	서	르
ᄉᆞ	ᄆᆞᆺ	디	아	니	ᄒᆞᆯ	씨	이	런	젼
ᄎᆞ	로	어	린	百	ᄇᆡᆨ	姓	셩	이	니
르	고	져	ᄒᆞᇙ	배	이	셔	도	ᄆᆞ	ᄎᆞᆷ

내 제 ᄠᅳ 들 시 러 펴 디 몯 ᄒᆞᇙ

노 미 하 니 라 내 이 ᄅᆞᆯ 為 윙

ᄒᆞ 야 어 엿 비 너 겨 새 로 스

믈 여 듧 字 ᄍᆞᆼ 를 ᄆᆡᇰ ᄀᆞ 노 니

사 ᄅᆞᆷ 마 다 ᄒᆡ ᅇᅧ 수 ᄫᅵ 니 겨

날 로 ᄡᅮ 메 便 뼌 安 ᅙᅡᆫ 킈 ᄒᆞ

고 져 ᄒᆞᇙ ᄯᆞ ᄅᆞ 미 니 라

응시자	
성 명	
생년월일	
연락처	

[양식11호]

훈민정음 경필쓰기 검정 응시원서

※ 표시된 란은 기입하지 마세요.

<table>
<tr><td>※접수번호</td><td colspan="3"></td><td>※접수일자</td><td colspan="2">202 년 월 일</td></tr>
<tr><td>성 명</td><td colspan="3">국문) 한자)</td><td colspan="2"></td><td rowspan="6">사진
(3×4)
* 사범과 특급 응시자는 반드시 첨부</td></tr>
<tr><td>생년월일</td><td colspan="3">년 월 일</td><td>성별</td><td>□ 남자 □ 여자</td></tr>
<tr><td>연 락 처</td><td colspan="5">* 반드시 연락 가능한 전화번호로 기재하세요</td></tr>
<tr><td>E-mail</td><td colspan="5"></td></tr>
<tr><td>집 주 소</td><td colspan="5"></td></tr>
<tr><td>응시등급</td><td colspan="6">□ 사범 □ 특급 □ 1급 □ 2급 □ 3급</td></tr>
<tr><td>소 속</td><td colspan="6">* 초·중·고등부 참가자는 학교명과 학년반을 반드시 기록하고, 일반부는 대학명 또는 직업 기재</td></tr>
</table>

위와 같이 사단법인 훈민정음기념사업회가 시행하는

제 회 훈민정음 경필쓰기 검정에 응시하고자 원서를 제출합니다.

20 년 월 일

응시자 : ㊞

사단법인 훈민정음기념사업회 귀중

훈민정음 경필쓰기 채점표

분야	심사항목	배정 점수	심사위원별 점수 (1)	(2)	(3)	총점
쓰기	필기규범	20				
	오자유무	10				
필획	필법의 정확성	20				
	필획의 유연성	10				
결구	균형	15				
	조화	15				
창의	서체의 창의성	20				
	전체의 통일성	20				
총점		100				

※ ①쓰기분야의 필기규범 항목은 사범급수에만 적용됨. ②각 급수 공히 오자 한 글자 당 10점 감점

<table>
<tr><td rowspan="3">확인</td><td colspan="2">심사위원(1)</td><td colspan="2">심사위원(2)</td><td colspan="2">심사위원(3)</td><td>결과</td></tr>
<tr><td>성명</td><td>날인</td><td>성명</td><td>날인</td><td>성명</td><td>날인</td><td rowspan="2"></td></tr>
<tr><td></td><td>㊞</td><td></td><td>㊞</td><td></td><td>㊞</td></tr>
</table>

20 년 월 일

훈민정음 경필쓰기 검정

2급용 원고

(가형)

언해본 예의편 자음

응시자	성 명					생년월일	
	연락처						

문화체육관광부 소관 제2021-0007호

사단법인 훈민정음기념사업회

ㄱ는엄쏘리니君군ㄷ字

쭝처ᅀᅥᆷ펴아나는소리ᄀᆞ

ᄐᆞ니ᄀᆞᆯᄫᅡ쓰면虯끃ㅸ字

쭝처ᅀᅥᆷ펴아나는소리ᄀᆞ

ᄐᆞ니라 ㅋ는엄쏘리니

快쾡ㆆ字쭝처ᅀᅥᆷ펴아나

는소리ᄀᆞᄐᆞ니라 ㆁ는

엄	쏘	리	니	業	ᅌᅥᆸ	字	ᄍᆞᆼ	처	ᅀᅥᆷ
펴	아	나	ᄂᆞᆫ	소	리	ᄀᆞ	ᄐᆞ	니	라
	ㄷ	ᄂᆞᆫ	혀	쏘	리	니	斗	ᄃᆞᇢ	ᄫ
字	ᄍᆞᆼ	처	ᅀᅥᆷ	펴	아	나	ᄂᆞᆫ	소	리
ᄀᆞ	ᄐᆞ	니	ᄀᆞᆯ	ᄫᅡ	쓰	면	覃	땀	ㅂ
字	ᄍᆞᆼ	처	ᅀᅥᆷ	펴	아	나	ᄂᆞᆫ	소	리
ᄀᆞ	ᄐᆞ	니	라		ㅌ	ᄂᆞᆫ	혀	쏘	리

니 呑 ᄐᆞᆫ ㄷ 字 ᄍᆞᆼ 처 ᅀᅥᆷ 펴 아

나 ᄂᆞᆫ 소 리 ᄀᆞ ᄐᆞ 니 라 ㄴ

ᄂᆞᆫ 혀 쏘 리 니 那 낭 ㆆ 字 ᄍᆞᆼ

처 ᅀᅥᆷ 펴 아 나 ᄂᆞᆫ 소 리 ᄀᆞ ᄐᆞ

니 라 ㅂ ᄂᆞᆫ 입 시 울 쏘 리

니 彆 볋 字 ᄍᆞᆼ 처 ᅀᅥᆷ 펴 아 나

ᄂᆞᆫ 소 리 ᄀᆞ ᄐᆞ 니 ᄀᆞᆯ ᄫᅡ 쓰 면

步 뽕 ㆆ 字 ᄍᆞᆼ 처 ᅀᅥᆷ 펴 아 나

는 소 리 ᄀᆞ ᄐᆞ 니 라 　 ㅍ 는

입 시 울 쏘 리 니 漂 픙 ㅸ 字

ᄍᆞᆼ 처 ᅀᅥᆷ 펴 아 나 는 소 리 ᄀᆞ

ᄐᆞ 니 라 　 ㅁ 는 입 시 울 쏘

리 니 彌 밍 ㆆ 字 ᄍᆞᆼ 처 ᅀᅥᆷ 펴

아 나 는 소 리 ᄀᆞ ᄐᆞ 니 라

ㅈᄂᆞᆫ 니쏘리니 即즉字ᄍᆞᆼ

처ᅀᅥᆷ 펴아나ᄂᆞᆫ 소리 ᄀᆞᄐᆞ

니 ᄀᆞᆯᄫᅡ 쓰면 慈ᄍᆞᆼㆆ字ᄍᆞᆼ

처ᅀᅥᆷ 펴아나ᄂᆞᆫ 소리 ᄀᆞᄐᆞ

니라 ㅊᄂᆞᆫ 니쏘리니 侵

침ㅂ字ᄍᆞᆼ 처ᅀᅥᆷ 펴아나ᄂᆞᆫ

소리 ᄀᆞᄐᆞ니라 ㅅᄂᆞᆫ 니

쏘 리 니 戌 ᄉᆔᇙ 字 ᄍᆞᆼ 처 ᅀᅥᆷ 펴

아 나 ᄂᆞᆫ 소 리 ᄀᆞ ᄐᆞ 니 ᄀᆞᆯ ᄫᅡ

쓰 면 邪 ᄽᅣᆼ ㆆ 字 ᄍᆞᆼ 처 ᅀᅥᆷ 펴

아 나 ᄂᆞᆫ 소 리 ᄀᆞ ᄐᆞ 니 라

ㆆ ᄂᆞᆫ 목 소 리 니 挹 ᅙᅳᆸ 字 ᄍᆞᆼ

처 ᅀᅥᆷ 펴 아 나 ᄂᆞᆫ 소 리 ᄀᆞ ᄐᆞ

니 라 ㅎ ᄂᆞᆫ 목 소 리 니 虛

헝 ㆆ 字 ᄍᆞᆼ 처 ᅀᅥᆷ 펴 아 나 ᄂᆞᆫ

소 리 ᄀᆞ ᄐᆞ 니 ᄀᆞᆲ ᄫᅡ 쓰 면 洪

ᅘᅩᇰ ㄱ 字 ᄍᆞᆼ 처 ᅀᅥᆷ 펴 아 나 ᄂᆞᆫ

소 리 ᄀᆞ ᄐᆞ 니 라 ㅇ ᄂᆞᆫ 목

소 리 니 欲 욕 字 ᄍᆞᆼ 처 ᅀᅥᆷ 펴

아 나 ᄂᆞᆫ 소 리 ᄀᆞ ᄐᆞ 니 라

ㄹ ᄂᆞᆫ 半 반 혀 쏘 리 니 閭 령

ㆆ	字	ᄍᆼ	처	ᅀᅥᆷ	펴	아	나	ᄂᆞᆫ	소
리	ᄀᆞ	ᄐᆞ	니	라		ᅀ	ᄂᆞᆫ	半	반
니	쏘	리	니	穰	ᅀᅣᇰ	ㄱ	字	ᄍᆼ	처
ᅀᅥᆷ	펴	아	나	ᄂᆞᆫ	소	리	ᄀᆞ	ᄐᆞ	니
라									

응시자	성 명				
	생년월일				
	연 락 처				

[양식11호]

훈민정음 경필쓰기 검정 응시원서

※ 표시된 란은 기입하지 마세요.

<table>
<tr><td>※접수번호</td><td colspan="2"></td><td>※접수일자</td><td colspan="2">202 년 월 일</td></tr>
<tr><td>성 명</td><td colspan="2">국문)</td><td colspan="2">한자)</td><td rowspan="6">사진
(3×4)
* 사범과 특급 응시자는 반드시 첨부</td></tr>
<tr><td>생년월일</td><td colspan="2">년 월 일</td><td>성별</td><td>☐ 남자 ☐ 여자</td></tr>
<tr><td>연 락 처</td><td colspan="4">* 반드시 연락 가능한 전화번호로 기재하세요</td></tr>
<tr><td>E-mail</td><td colspan="4"></td></tr>
<tr><td>집 주 소</td><td colspan="4"></td></tr>
<tr><td>응시등급</td><td colspan="5">☐ 사범 ☐ 특급 ☐ 1급 ☐ 2급 ☐ 3급</td></tr>
<tr><td>소 속</td><td colspan="5">* 초·중·고등부 참가자는 학교명과 학년반을 반드시 기록하고, 일반부는 대학명 또는 직업 기재</td></tr>
</table>

위와 같이 사단법인 훈민정음기념사업회가 시행하는
제 회 훈민정음 경필쓰기 검정에 응시하고자 원서를 제출합니다.

20 년 월 일

응시자 : ㊞

사단법인 훈민정음기념사업회 귀중

훈민정음 경필쓰기 채점표

분야	심사항목	배정 점수	심사위원별 점수			총점
			(1)	(2)	(3)	
쓰기	필기규범	20				
	오자유무	10				
필획	필법의 정확성	20				
	필획의 유연성	10				
결구	균형	15				
	조화	15				
창의	서체의 창의성	20				
	전체의 통일성	20				
총점		100				

※ ①쓰기분야의 필기규범 항목은 사범급수에만 적용됨. ②각 급수 공히 오자 한 글자 당 10점 감점

<table>
<tr><td rowspan="3">확인</td><td colspan="2">심사위원(1)</td><td colspan="2">심사위원(2)</td><td colspan="2">심사위원(3)</td><td>결과</td></tr>
<tr><td>성명</td><td>날인</td><td>성명</td><td>날인</td><td>성명</td><td>날인</td><td rowspan="2"></td></tr>
<tr><td></td><td>㊞</td><td></td><td>㊞</td><td></td><td>㊞</td></tr>
</table>

20 년 월 일

이사장

훈민정음 경필쓰기 검정

2급용 원고

(나형)

언해본 예의편 모음

응시자	성 명					생년월일	
	연락처						

문화체육관광부 소관 제2021-0007호

사단법인 훈민정음기념사업회

ㆍ는 呑툰ㄷ字쯩 가온딧
소리ㄱ트니라 ㅡ는 卽
즉字쯩 가온딧 소리ㄱ트
니라 ㅣ는 侵침ㅂ字쯩
가온딧 소리ㄱ트니라
ㅗ는 洪홍ㄱ字쯩 가온딧
소리ㄱ트니라 ㅏ는 覃

땀ㅂ字쫑가온뒷소리ᄀᆞ
ᄐᆞ니라 ㅜᄂᆞᆫ君군ㄷ字
쫑가온뒷소리ᄀᆞᄐᆞ니라
 ㅓᄂᆞᆫ業업字쫑가온뒷
소리ᄀᆞᄐᆞ니라 ㅛᄂᆞᆫ欲
욕字쫑가온뒷소리ᄀᆞᄐᆞ
니라 ㅑᄂᆞᆫ穰ᅀᅣᆼㄱ字쫑

가온뒷소리ᄀᆞᄐᆞ니라

ㅠ는戌슗字ᄍᆼ가온뒷소

리ᄀᆞᄐᆞ니라 ㅕ는彆볋

字ᄍᆼ가온뒷소리ᄀᆞᄐᆞ니

라 乃냉終즁ㄱ소리는

다시첫소리ᄅᆞᆯ쓰ᄂᆞ니라

ㅇᄅᆞᆯ입시울쏘리아래

니	ᅀᅥ	쓰	면	입	시	울	가	비	야
ᄫᆞᆫ	소	리	ᄃᆞ	외	ᄂᆞ	니	라		첫
소	리	를	어	울	워	ᄡᅳᇙ	디	면	글
ᄫᅡ	쓰	라	乃	냉	終	즁	ㄱ	소	리
도	ᄒᆞᆫ	가	지	라		ㆍ	와	ㅡ	와
ㅗ	와	ㅜ	와	ㅛ	와	ㅠ	와	란	첫
소	리	아	래	브	텨	쓰	고		ㅣ

와	ㅏ	와	ㅓ	와	ㅑ	와	ㅕ	와	란
올	ᄒᆞᆫ	녀	긔	브	텨	쓰	라		믈
읫	字	ᄍᆞᆼ	ㅣ	모	로	매	어	우	러
아	소	리	이	ᄂᆞ	니		왼	녀	긔
ᄒᆞᆫ	點	뎜	을	더	으	면	ᄆᆞᆺ	노	ᄑᆞᆫ
소	리	오		點	뎜	이	둘	히	면
上	썅	聲	셩	이	오		點	뎜	이

업	스	면	平	뼝	聲	셩	이	오	
入	십	聲	셩	은	點	뎜	더	우	믄
흔	가	지	로	딕	색	릭	니	라	
中	듕	國	귁	소	리	엣	니	쏘	리
는	齒	칭	頭	뚱	와	正	졍	齒	칭
왜	길	히	요	미	잇	느	니		ᅎ
ᅔ	ᅏ	ᄼ	ᄽ	字	쯩	는	齒	칭	頭

뜽	ㅅ	소	리	예	쓰	고		ㅈ	ㅊ
ㅉ	ㅅ	ㅆ	字	쭝	는	正	졍	齒	칭
ㅅ	소	리	예	쓰	ᄂᆞ	니		엄	과
혀	와	입	시	울	와	목	소	리	옛
字	쭝	는	中	듕	國	귁	소	리	예
通	통	히	쓰	ᄂᆞ	니	라			
訓	훈	民	민	正	졍	音	음		

[양식11호]

훈민정음 경필쓰기 검정 응시원서

※ 표시된 란은 기입하지 마세요.

※접수번호		※접수일자	202 년 월 일	
성 명	국문)	한자)		사진 (3×4) * 사범과 특급 응시자는 반드시 첨부
생년월일	년 월 일	성별	□ 남자 □ 여자	
연 락 처	* 반드시 연락 가능한 전화번호로 기재하세요			
E-mail				
집 주 소				
응시등급	□ 사범 □ 특급 □ 1급 □ 2급 □ 3급			
소 속	* 초·중·고등부 참가자는 학교명과 학년반을 반드시 기록하고, 일반부는 대학명 또는 직업 기재			

위와 같이 사단법인 훈민정음기념사업회가 시행하는
제 회 훈민정음 경필쓰기 검정에 응시하고자 원서를 제출합니다.

20 년 월 일

응시자 : ㊞

사단법인 훈민정음기념사업회 귀중

훈민정음 경필쓰기 채점표

분야	심사항목	배정 점수	심사위원별 점수			총점
			(1)	(2)	(3)	
쓰기	필기규범	20				
	오자유무	10				
필획	필법의 정확성	20				
	필획의 유연성	10				
결구	균형	15				
	조화	15				
창의	서체의 창의성	20				
	전체의 통일성	20				
총점		100				

※ ①쓰기분야의 필기규범 항목은 사범급수에만 적용됨. ②각 급수 공히 오자 한 글자 당 10점 감점

확인	심사위원(1)		심사위원(2)		심사위원(3)		결과
	성명	날인	성명	날인	성명	날인	
		㊞		㊞		㊞	

20 년 월 일

사단법인 훈민정음기념사업회 이사장

훈민정음 [언해본] 경필 쓰기 검정 응시 방법

『훈민정음 언해본 경필 쓰기』 검정용 지정 도서에 별책으로 제공되는 검정 응시용 원고 중에서

① 응시 희망 등급의 검정용 원고를 작성한 후

② 칼이나 가위로 반듯하게 잘라서

③ 응시원서와 함께 제공되는 제출용 봉투에 넣고 풀칠을 하여

④ 봉투에 인쇄된 주소로 우편이나 택배로 접수하면 됨
(반드시 응시자의 주소와 이름을 정확히 기재할 것)

응시등급 및 유형		검정범위	응시 해당 요건
3급	가형	언해본 어제 우리말 서문	초등학생
	나형	언해본 어제 서문	나이, 학력, 성별 무관 전 응시자
2급	가형	언해본 예의편 자음	
	나형	언해본 예의편 모음	

※ 초등학생도 3급 나형을 작성하여 응시할 수 있음.
2급은 가형이나 나형 중 하나를 선택하여 응시하면 됨.

世·솅宗종御·엉製·졩訓·훈民민正·졍音흠